ひとめでわかる
図解入り

ジャーナリスト
IKEGAMI
AKIRA
池上彰

【第3版】

会社のこと よく わからないまま 社会人に なった人へ

海竜社

会社のことよくわからないまま 社会人になった人へ 第3版

はじめに——会社ってなに？「会社で働く」ってどういうことだろう？

会社に就職したのはいいけれど、よく考えてみると、会社がどんな組織なのか、基礎の基礎がわかっていなかった。あるいは、これから就職活動を始めるけれど、どんな観点で会社選びをすればいいかわからない。そんな人のために、この本が生まれました。

そもそも会社とは、生き物ではないのに、まるで生き物のように成長したり成熟したり、場合によっては〝死んで〟しまったりする、不思議な存在です。

会社にも寿命があるのです。漫然と経営していると、寿命は短いかもしれませんが、しっかりとした経営をしたり、新しい仕事を見つけたりすると、寿命はいくらでも延ばすことができます。会社の名前とやっている仕事の内容が大きく違う会社などは、途中で再生することに成功した企業かもしれません。

二〇一八年の暮れには日産自動車の経営トップだったカルロス・ゴーンＣＥＯが東京地検特捜部に逮捕される事件が起きました。日産自動車は緊急の取締役会を開き、ＣＥＯの職を解きましたが、取締役会から追放することはしませんでした。その権限があるのは株主総会であり、その時点で株主総会が開かれる見通しは立っていなかったからです。つまり「追放しなかった」のではなく、「追放できなかった」のです。株主総会で選任された取締役を辞めされることができるのも株主総会だけなのです。株主が一番「えらい」からです。

また、日産自動車の親会社はフランスのルノーで、カルロス・ゴーンＣＥＯはルノーから送り込まれていました。ルノーは日産自動車の株を大量に持っているので、日産自動車から多額の配当を受け取り、利益を上げていました。また、日産自動車にいろいろな経営上の指示をしてきました。株式会社の大株主とは、そういう力を持っているのです。

「会社とは何か」を知っていると、こうしたニュースの意味も理解できるのです。ニュースといえば、セクハラやパワハラ、データ改ざんなど、会社の不祥事も起きています。「ブラック企業」という言葉も聞きます。

どうしてそんなことが起きるのか。会社に就職して悲しい思いをしないように、会社のことを知っておきましょう。この本が少しでもお役に立てれば幸いです。

二〇一九年二月

ジャーナリスト　池上　彰

会社のことよくわからないまま 社会人になった人へ

もくじ

第1章 会社の正体

そもそも会社とは、どういう存在なのか？
会社の正体について考えよう

第2章

会社の組織

大企業から小さな会社まで、どのような組織のもとに成り立っているのか？

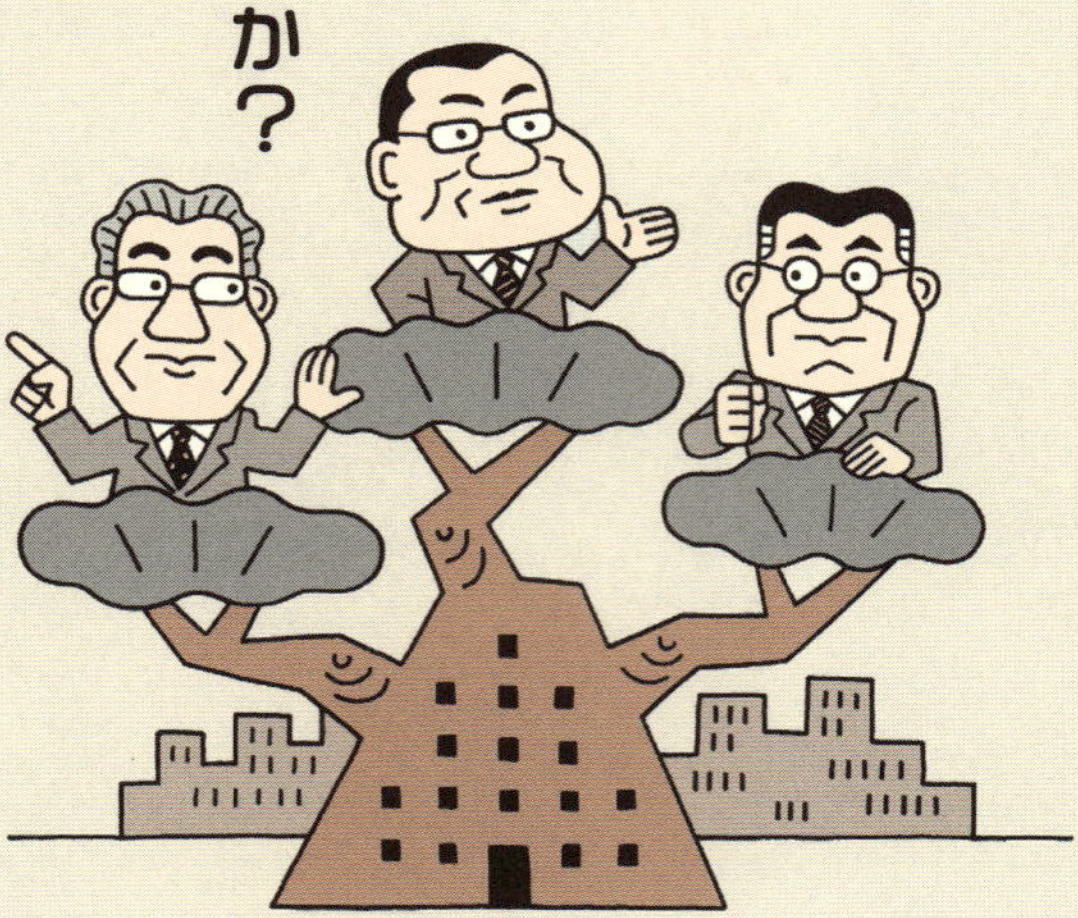

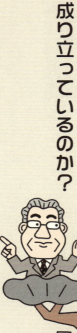

第3章 会社の経営

会社の方向性を
左右する経営
「経営」っていったい
どんな仕事だろう？

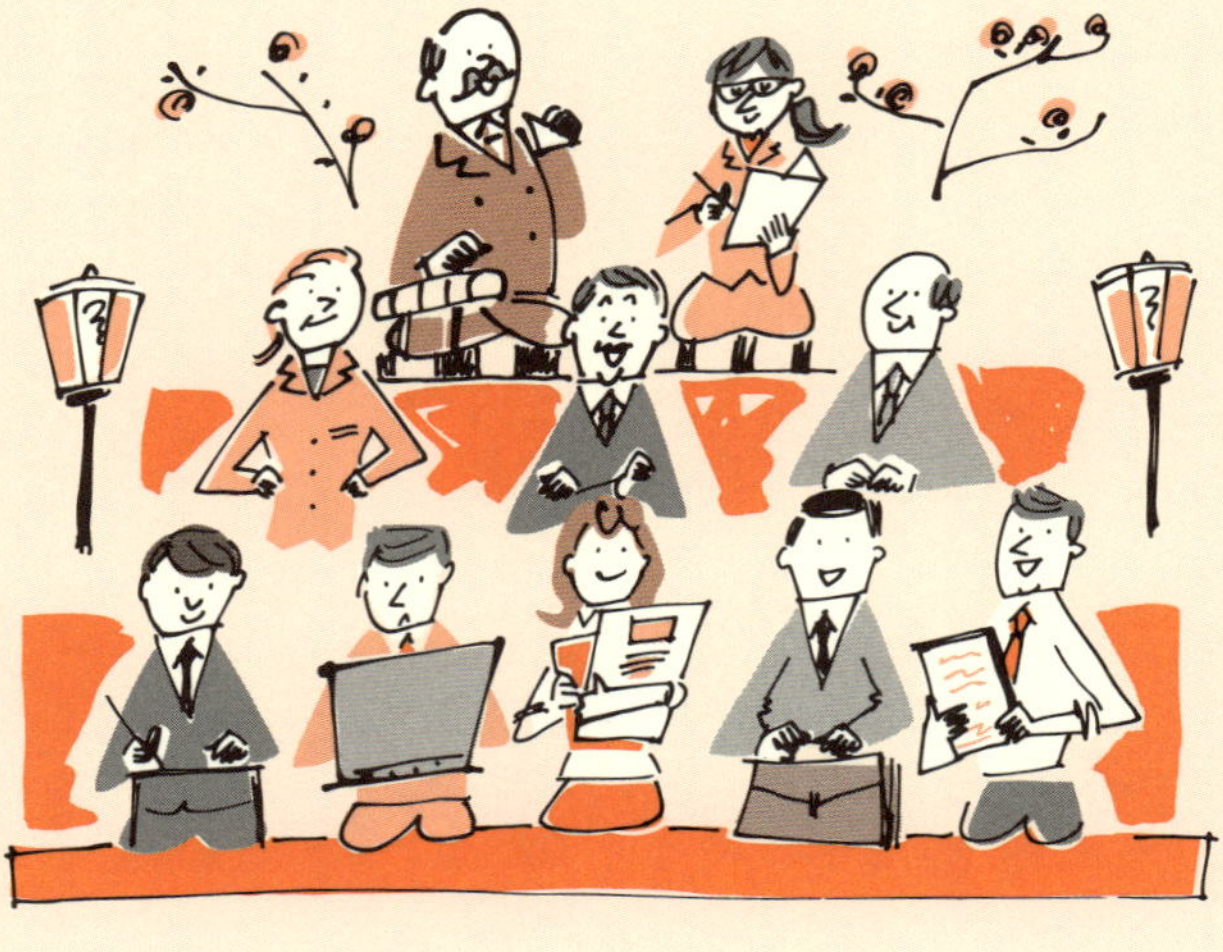

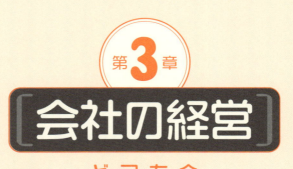

第4章

〔雇用〕

会社とそこで働く社員の間にはどんな契約や規則があるのだろう？

第5章

会社員を目指す人へ

大事な人生において
「会社で働く」って、
どういうことだろう？

ブックデザイン……村橋雅之
本文イラスト（16頁他）……永野敬子
本文イラスト（18頁他）……吉田雅博
図表……諫山圭子
カバー写真……著者提供
編集協力……千葉潤子

第1章

会社の正体

そもそも会社とは、
どういう存在なのか？
会社の正体について考えよう

【会社の正体】1

会社の社会的役割って、なんだろう？

今、私たちの周りにはいろんな会社がある。
みんな「会社」と当然のように口にするが、
そもそも会社とは、どういうものなのか？
また「会社」はどのように生まれ、どのようにして、
現在のような形になったのか？　会社の社会的役割とは？
会社の正体について、よく考えてみよう。

第1章 会社の正体

そもそも会社とは、どういう存在なのか？
会社の正体について考えよう

会社って、いったいなんだろう？

突然ですが、あなたが会社を始めようとしたらどんな理由から起業しますか？

お金が儲かりそうな仕事があるから？

起業の理由の多くは、「そこに金の鉱脈があるから」ではないでしょうか？ ここで一儲けをしてやるぞ、という気持ちがなければ会社なんて起こさないでしょう。世界で初めての会社と言われている**東インド会社**[*1]もそのようにして生まれました。

会社は何を目的として存在するのか？　まずはズバリお金を儲けるため、と言えます。

それでは、儲けたお金は誰のものになるのか？

儲けたお金は、その会社を維持する経費に使われたり、税金を払ったり、いろいろなことに使われます。

あれっ、会社の社員への給料はどうなるの？　と聞きたくなるかも知れませんね。社員に分配される給料は、「**人件費**[*2]」として、会社を維持する経費の一部に含まれているのです。

会社は何を目的として存在するのか？

一人では実現できない大きな利益を上げる
●一人ではできない、大きな仕事を何人かのチームで協力して行う
●利益は社員に分配される
●会社の利益が上がれば、社員の給料も増える
¥
仕事

●会社で儲けたお金は会社の維持費に使われたり、税金を払ったりするために使われる
●給料も維持費の人件費に当たる部分から支払われる

会社はお金を
儲けるために存在する

社員が頑張って働いて、会社の利益が上がれば、当然のことながら社員の給料も上がります。会社の利益が上がれば社員の給料も上がる。そんな「運命共同体」のようなところがあります。

「会社」というところは、一人ではできない大きな仕事を何人かのチームで協力して行い、一人ではとても実現できなかった大きな利益を上げ、それをみんなで分配する。そういう性格の組織です。ここに株主の存在もあるのですが、株主については2章（64ページ）で考えましょう。

会社（＝企業）が利益を上げれば、それだけ社員への分配金額（＝給料）は多くなりますし、また、企業利益が増えれば、世の中の景気もよくなります。

ある企業が成功するということは、その企業が生み出すものを、多くの人が買うということです。みんながお金を使えば、それだけ世の中に出回るお金が増えます。

また、みんながその企業の商品を買うことで、企業は利益を上げ、事業を拡大することができます。事業が広がれば、もっと人を雇うでしょう。これで失業者が減り、雇われた人々は給料を受け取り、そのお金でさまざまな商品を買う。また利益が上がるということは、その分税金も多く納めるということでもあります。（その税金が、私たちみんなのよりよい生活のためにきちんと使わ

会社は経済の循環器

経済のよい循環は企業の成功によって生まれる

れていればとてもいいのですが……。）

このように経済の良い循環は企業の成功によって生まれるのです。

逆に会社の事業がうまくいかなければ、これら全ての循環がストップしてしまいます。会社には、利益を上げなければならない使命があるのです。

「会社（＝企業）は経済の循環器の役割を担っている」のです。

会社は法律上の「人」だ

会社には「法人」という別の言い方があります。「法人」とは、「法の人」と書きますが、それは文字通り「法律上、人と同じように扱いますよ」という意味なのです。

例えば、私たち人間はお金があれば家を持つことができますね。土地やマイカーを持つこともできる。それは、「人」だから持てるのです。

それでは、これが会社だったらどうでしょう。どこかに小さな会社を作りました。その会社の人たちがセールスに行くためには車が必要です。軽乗用車を何台か買いました。これはいったい誰のものでしょう。誰の持ち物にしますか？

会社のお金で買ったものなら、会社のものですよね。だから、車の名義を会社にしようとします。でも、会社は人ではありません。車を持てるのは人ですよね。人間しか持てないはずです。そこで、それでは会社が持てるようにしましょう、という仕組みができた。これが「法人」なのです。

会社を作るときは、「こういう会社を設立しましたよ」と社会に示すために**法務局**[*3]に**登記**[*4]をすることによって、この会社を法律上人と同じ扱いにして、それを社会に認めてもらったことになります。そこで、初めて会社が車を持ち、土地を持ち、建物を持てる、ということになります。よく「法人カード」などというものがありますが、これも個人のものではない会社名義のクレジットカードということです。

会社所有のビルや土地などは、決して社長の財産というわけではないのです。だから社長が死んでしまっても、法人の持ち物である限りは、社長の遺族に相続されるわけではありません。ビルも土地もその会社が持っていることには変わりないのです。もちろん、その会社の株を、亡くなった社長が大量に持っていれば、遺族は株を相続することで会社への支配権も相続します。が、これは株主としてのことであって、ビルや土地を持っているのは会社そのものです。

会社は法律上の「人」

法人

会社には「法人」という言い方がある。「法人」とは、会社が土地や財産を所有できるよう「法律上、人と同じに扱いますよ」ということである。

❶ 会社設立を法務局に登記

● 会社を設立したことを社会に示すために法務局に登記する

❷ 法人として認められる

● 法務局へ登記することにより、「この会社を法律上人と同じ扱いにしてください。そしてそれを認めてください」という手続きが終了する

❸ 会社は人のような存在になり、建物・土地・車を所有できる

● 物や財産を所有できるのは人間だけ。「法人」とは会社のお金で買った物は会社の所有物として認めようというしくみ

会社の正体 2

今ある大企業はどのように生まれ、発展してきたのか？

一口に「会社」といっても、中にはいろんな業種があり、その形態もさまざまだ。製造業・小売業・情報通信業・宅配業。それらは社会の中でどのように生まれ、どのように発展してきたのか？大企業成長の過程を詳しく見てみよう。

始まりはみんなベンチャー企業だ

どんな会社も、始まりは海のものとも山のものともつかない。あらゆる可能性を秘めているけれど、リスクも大きい。いわば**ベンチャー企業**[*5]です。

そもそも会社って、どうして存在するんでしょうか？リスクを負ってまで起業する意味は？

それは、社会がその企業・その業種を求めているからです。世の中にはさまざまな業種があるけれど、それらの業種が生まれ、発展してきたのは、社会がそれを必要としている証拠なのです。

例えばあなたが生まれたときから大企業だった「ホンダ」も、始まりは小さな会社。最初の製品に至っては、自転車に小型エンジンをつけ、「ペダルをこがずに前に進めます」という程度のものでした。それがモータリゼーションの波に乗り、揉まれながら、世界に名を轟《とどろ》かせる大企業に発展したのです。

もちろんソニー、パナソニック、東芝、京セラなど、日本を代表する世界的大企業はどこもそうでした。戦後、中小企業から身を起こし、時代と社会の要求に応えながら、成長を遂げたのです。

それは時代が変わっても同じこと。いまや知らない人はいない「楽天」「アマゾン」「グーグル」だって、スタートしたときは「何、それ?」「何の会社?」と思った人がほとんどでした。

これらの会社は店舗を持たずに、インターネット上でさまざまなサービスを提供する会社です。ネット社会の進展と共に急成長を遂げ、社会に欠かせない業種となっています。

企業は生き物だ

企業が大きく成長するためには、どこかのタイミングで「変革」を行うことが求められます。

会社というのは、できたばかりのときは知り合いだけで始めます。「成長を望まない」ならそのままでもいいけれど、大半の経営者は「会社を大きくする」ことを望んでいるでしょう。

そうである以上、会社は目の前の事業に取り組む一方で、将来を見据えた事業計画の下、人を増やし、設備を拡張し、国内外に販売網を広げ、開発体制を整え……というふうに変わっていかなくてはならないのです。

例えば、いまやカジュアル・ファッションの代名詞的存在にまで成長した「ユニクロ」は、山口県の下関市にある「小郡《おごおり》商事」という小さな洋服店から始まりました。それが二代目のときに、製造から仕入れ、販売までを自社で手がけ、大量生産・大量販売の体制を整えました。

以後は破竹の勢い。ユニクロの提供する安くて機能性の高いカジュアルウエアは、日本社会に求められていたものだからこそ広く受け入れられました。最近は海外事業も拡大の一途。小さな会社から大企業へと変貌を遂げています。

このように企業が成長していくことは、昆虫でいえば「脱皮」のようなもの。そういう意味で「企業は生き物である」と言えます。

今後の成長が期待されている企業の一つに、派手なパフォーマンスでも有名な前澤《まえざわ》友作《ゆうさく》氏率いる「ＺＯＺＯ（ゾゾ）」があります。

二〇一八年に社名を変更した同社は、七千以上の人気ブランドの最新ファッションアイテムを揃えた通販サイト「ＺＯＺＯＴＯＷＮ（ゾゾタウン）」を運営する会社です。わかりやすくいえば「楽天（＝ネットショッピング）」と「ユニクロ（＝衣料品販売）」の〝いいとこどり〟をして、急成長を続けています。

しかし、真価が問われるのはこれから。社名変更を「第二の創業期」と位置づけてスタートさせたプライベートブランド「ＺＯＺＯ」の動向など、大企業としての生き残りをかけた事業展開が注目されています。

企業にも寿命がある

例えば、五十年前のアメリカの大企業ベスト100のなかで、今でも残っている企業は「ＧＥ（ゼネラル・エレクトリック）」という会社、たった一社だけです。ＧＥは、昔はその名の通り、電気製品や発電機を作って売る、電機メーカーでした。しかし、今ではメディアや金融サービスといった多様な事業を世界一〇〇カ国以上で展開しています。

これは、どういうことを示しているのでしょうか？　GEが昔の電機メーカーのままでいたら、他の大企業と同じようにとっくに姿を消していたはずです。ところが、**ウェルチ**[*6]という天才的な経営者が、会社を存続させるために、これから発展しそうな新しい仕事にどんどん手を広げる一方、もうこれ以上の発展が望めない仕事はどんどん切り捨てていったのです。そのような変化を続けていくうちに、GEは社名だけを残して、まったく違う会社になっていったのです。

人間は、一見変わらないように見えて、実は常に変化しています。常に新しい細胞が生まれ、古くなった細胞が死んでいます。二十年前のあなたの細胞はもう存在していません。死んでしまって、代わりにそっくり新しい細胞に入れ替わっています。企業も実は同じで、常にあるものが生まれ、あるものが死んでいく。この変化を繰り返さないと、会社は生き延びられないのです。

二〇〇五年五月、ドイツのフィルムメーカー「**アグファ**[*7]」が倒産しました。アグファは、フィルム製造では世界三大メーカー（あと二つは富士写真フィルム、イーストマン・コダック）の一つとして知られてきました。この会社は、一八六七年に設立された老舗《しにせ》でしたが、デジタルカメラが急速に普及し、従来のフィルムが売れなくなったために、倒産に追い込まれました。デジタルカメラが生まれたところで、「これからはデジタルの時代だ。これまでのフィルムは売れなくなる」と経営方針を変えていれば、生き抜くことができたのかも知れないのです。

事実、日本の富士フイルムは、二〇〇六年にもとの富士写真フイルムから名前を変え、デジタルカメラに進出すると共に、医療や化粧品の分野にも力を入れて、発展してきました。

会社には寿命がある、とはこういうことなのです。会社は時代に合わせて、作っていくものもどんどん変わっていきます。変えていかなければ、その会社にはいつか寿命がきてしまいます。大きく中身が変わることによって、名前が変わることもありえます。それによって再び会社は生き返り、またどんどん伸びていく可能性が出てきます。

周囲の強い反対を押し切ってコンビニエンスストアの「セブン-イレブン」を始めて大成功させた**鈴木敏文**《としふみ》[*8]セブン&アイ・ホールディングス名誉顧問は、こう語っています。

「セブン-イレブンがこれからどんな姿になるか、私にも正直、わかりません。しかし、世の中が変わっていけば、変化の中で、我々の果たすべき役割は必ず出てくる。変化に対応し続ければ、世の中がどうなろうと、セブン-イレブン

姿を変え、発展した日本の企業たち

●パナソニック	電器の二股ソケットを作る会社としてスタート。
●ホンダ	自転車にエンジンをつけたオートバイメーカーとしてスタート。 （二輪車から四輪車へ乗り出そうとするとき、当時の通産省からやめておけという圧力がかかったが、自動車業界へ進出し、成功）
●ソニー	東京通信工業、東通工という電器会社からスタート。 （現在はエンターテインメント部門で利益を上げている）
●シャープ	早川電機からスタート。シャープペンシルも作り、社名にした。
●東急ハンズ	東急不動産が余った空き地で何か新しい事業を、と若手社員の意見を取り入れ、実験的に始めたものがヒットした。それにならって、西武百貨店がロフトを作った。
●イトーヨーカ堂	創業当時は羊華堂洋品店という洋服店だった。今では、スーパーの勝ち組に。
●キヤノン	創業者の１人が観音様を篤く信仰していたことから、最初のカメラに「カンノン」とつけた。観音→カンノン→canon→キヤノンとなる。
●トヨタ	豊田自動織機という織物の機械を作る会社だった。自動車産業に進出し、世界のトヨタへ。
●イオン	江戸時代の創業とされる。総合スーパーとして急成長し、2001年にジャスコからイオンに名称変更した。

が消えることはない――そう確信しています」（日本経済新聞社編『人間発見 私の経営哲学』）

会社は世の中が求めているものを常に考えなければいけない

クロネコヤマトの宅急便で知られるヤマト運輸は、もとは普通の運送会社でした。頼まれた荷物を運ぶだけという業務をしていました。しかし、それぞれの個人が荷物を出す、という需要があるのではないか、という発想から「荷物を出したいなら、そこまで引き取りに行きます。そしてそれをどこでもお好きなところまで運びます」という商売を始めました。

この仕事を始めた初日は、たった二個の荷物しか集められませんでした。それがみるみるうちに広がって、今ではクロネコヤマトの宅急便と言えば、知らない人はいない会社に成長しました。また、それを見て、日本通運や佐川急便も乗り出し、宅配業という新たな業種が誕生しました。

アート引越センターは、ご主人がやっていた運送会社に限界を感じた奥さんが、引越しの専門会社にしたのが始まりです。始めた当初は誰にも知られていませんでした。当時、引越しをする人たちがどうやって引越し屋さんを探していたかというと、まずは職業別電話帳を引っ張り出し、どこかいいところはな

世の中の変化に対応し、変わり続ける会社

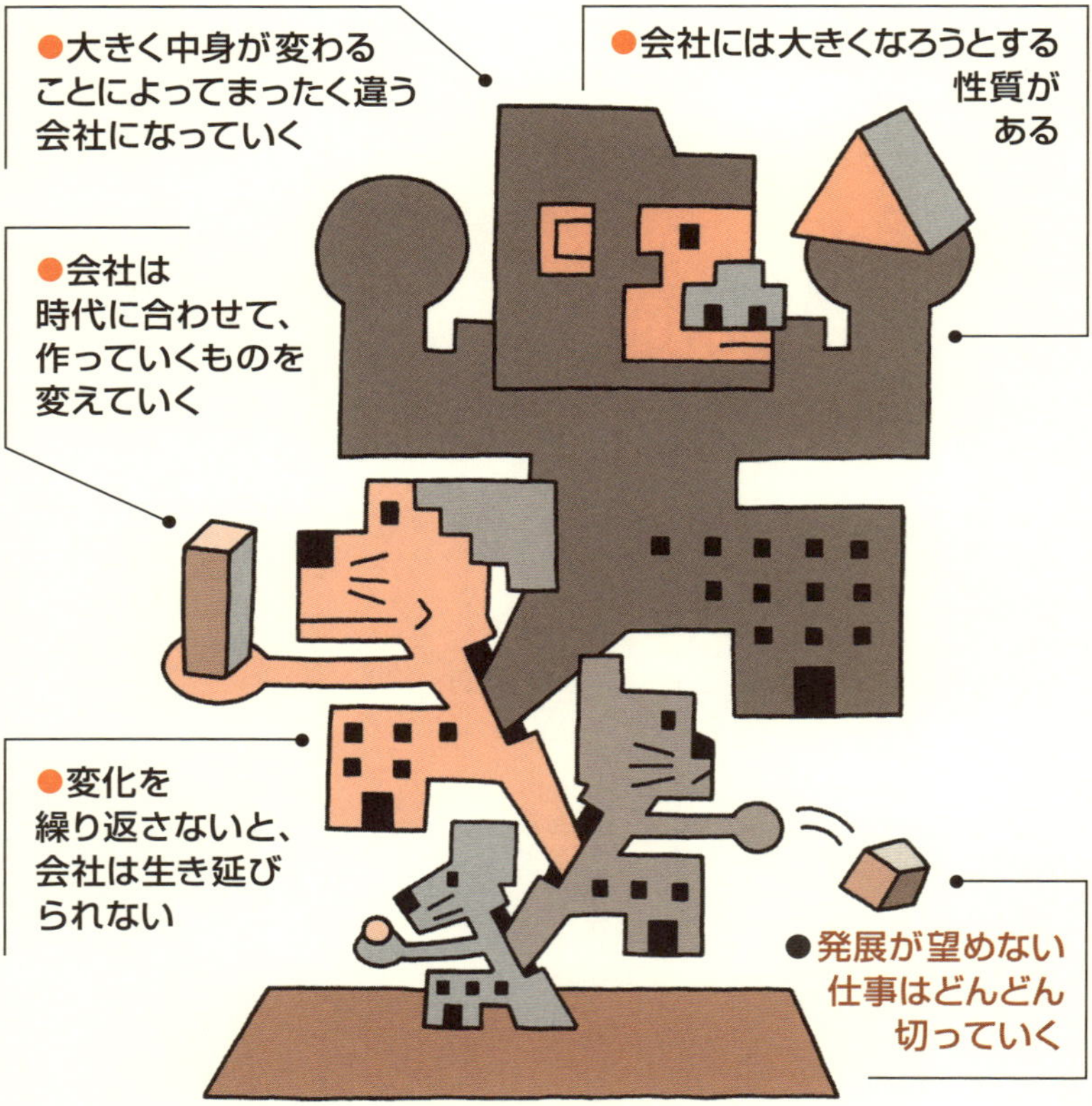
●大きく中身が変わることによってまったく違う会社になっていく
●会社には大きくなろうとする性質がある
●会社は時代に合わせて、作っていくものを変えていく
●変化を繰り返さないと、会社は生き延びられない
●発展が望めない仕事はどんどん切っていく

企業は世の中が求めるものを常に先に考える

いものか、と探していたのです。電話帳はあいうえお順、しかも漢字よりカタカナが先に掲載されるので、ただのアイより、もっと前に掲載してもらえるようにと、アート引越センターとしました。電話番号も覚えやすいように0123で統一しました。これも新しく生まれ変わったことによって生き残り、成長したのです。

企業に文房具や雑貨を配達するアスクルもその一つです。文房具を電話一本で「明日、お届けしますよ（明日には来るよ）」というサービスを社名にしました。それがヒットして、ジュースやコーヒー、雑貨に至るまで幅広く取り扱うようになりました。企業向けの、昔で言うところの御用聞きのような業種を新しく作って大ヒットさせたのです。文具・事務用品メーカーの「プラス」が、新しい業態の仕事を始めて、ここまで成長しました。これも、社会のニーズに合わせどんどん変化を遂げてきたものの一つです。

時代が変わっていく以上、みんなが求めているものも変わっていきます。会社として、生き残りを図るためには多角化経営に手を伸ばすところも増えます。まったく新しい業種にチャレンジして、新ビジネスの方が本業になってしまう会社もあれば、多角化に失敗して経営が傾いてしまう会社もあります。

常に利益追求を求められる企業は、今、世の中が何を求めているのか、いつも先を考えていかなければいけないのです。

　利益を上げることが目的となっている企業において、マイナスになるような事態は避けなければなりません。企業は利益を出して、初めて社会的に存在が許されるのです。

会社には大きくなろうとする性質がある

　会社は、「大きくならざるを得ない」という性質を持っています。会社を立ち上げた当初は、少ない人数で始めます。事業の拡大に伴ってだんだん社員が増えてきます。その人たちが年をとってくると、どこかある程度の地位につけなければいけなくなってきます。

　そのときに会社が小さいままだと、社長がいて、専務がいて、部長が一人、二人。それで充分ということになってしまいます。しかし、会社の発展に伴って増えてきた人たちに新しいポストを与えなければ、社員のモラルは下がってしまいます。四十歳になっても五十歳になっても平社員のままというわけにはいきません。

　そのためには、新しい部を作って、その人を新しい部長にしたり、新しい支店を作って支店長にしたりする。そうすると、新部長や新支店長はその仕事に見合うように一生懸命がんばり、自然とモラルも上がる。社員のモラルを向上させるためにも、会社は大きくならなければいけないのです。

会社がある程度成長を遂げたら、その分一生懸命働いてくれた社員に報いなければいけない、という意味において、「長」がつくポストを作る必要があるのです。

短期間で急成長したユニクロは会社が大きくなることによって、社員のモラルを上げていきました。次から次へと支店を出し、「若くても働きがよければ支店長になれますよ。さらにその支店で売り上げを伸ばせば、カリスマ支店長としてどんなに若くても年収が一千万円にアップしますよ」という形で社員に報いてきました。ところが、あまりに増えすぎて、支店がいっぱいになるとまた困った事態になります。

かっぱ寿司というチェーン店は、猛烈な勢いで支店を増やし、大きく成長してきました。

しかし、他にも回転寿司の会社が増えてきて、競争が激しくなると、これまであった支店の売り上げが落ちてきます。新しい支店を作っているかぎりでは、どんどん売り上げが増えるのですが、支店を作ることに限界が見えてくると、停滞してしまいます。そのとき、かっぱ寿司はまったく別の飲食店の業態も始

企業は生き物だ

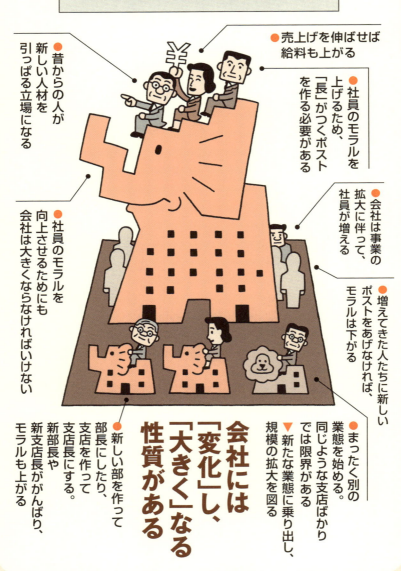

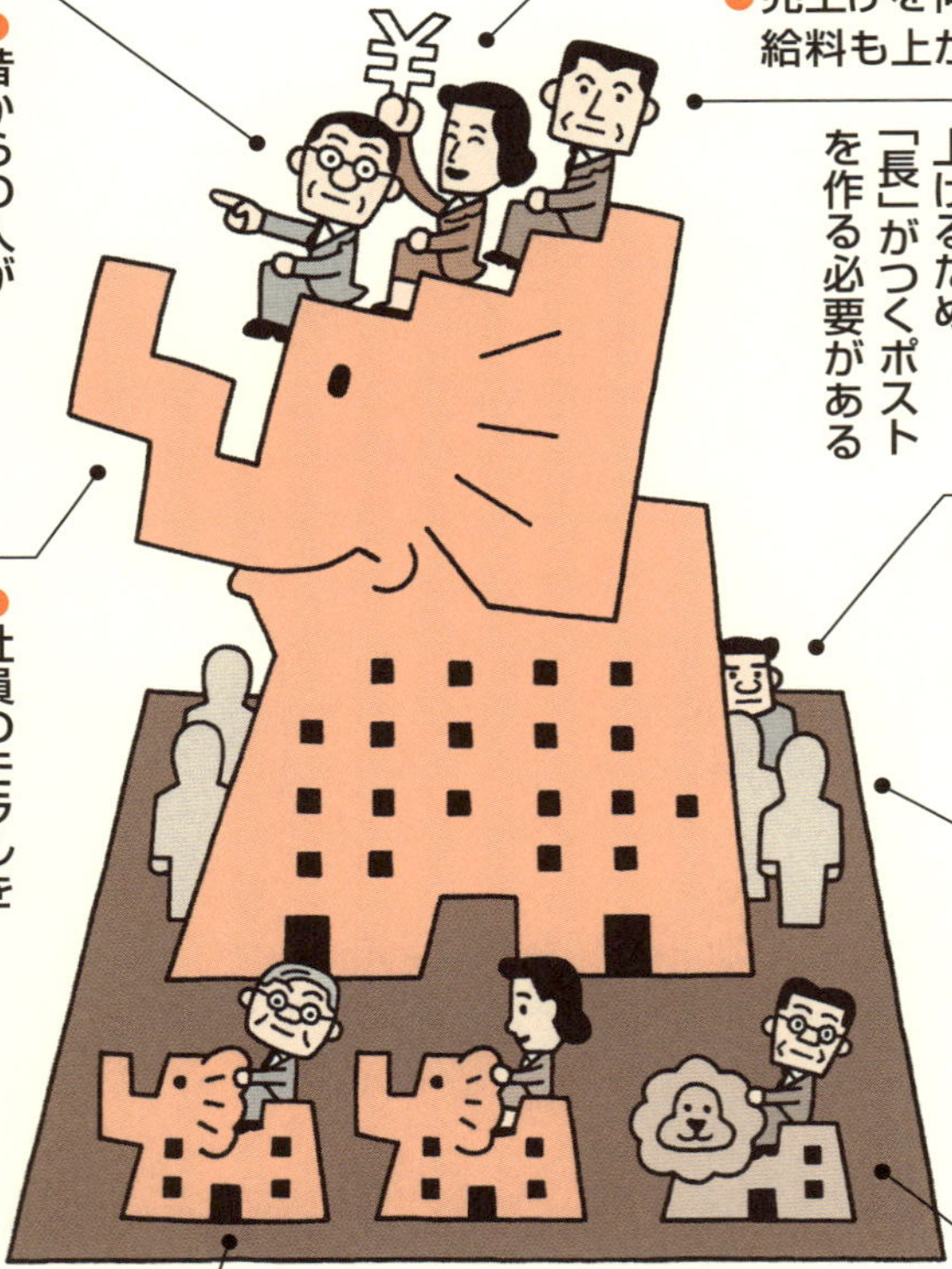

会社には「変化」し、「大きく」なる性質がある

めました。大きくならなければならないということは、変わり続けなければならない、ということでもあるのですね。会社は常に「変化し続ける」「大きくなる」ということを求められていると言えます。

ひとことコラム　キャノンの成功の秘密

★デジタルカメラや複写機、プリンターなどさまざまな分野で売上げを伸ばしているキヤノンは、もともとは写真機メーカーでした。創業者の一人が観音様を篤く信仰していたため、最初のカメラに「カンノン」という名前をつけ、それが「Ｃａｎｏｎ」（キヤノン）という会社名になりました。

キヤノンは、伝統的な日本型経営と米国式の経営をミックスさせた方式で成果を上げています。終身雇用を守ることで社員の愛社精神を育てる一方、社員が甘えないように年功序列はとりません。年齢にも学歴にも男女差にも関係なく、昇格試験に合格しないと管理職へと進めません。社内でのフェアな競争を重視しています。

［会社の正体］3

会社選びのポイントはあるのか？

小さい会社から大きな会社まで、

日本にはたくさんの「会社」が
ひしめきあっている。その中で
「少しでも良い会社のもとで働きたい」
と誰もが考えるのは当たり前のこと。
採用試験のときに間違った会社選びをしないためにも、
入社後に後悔しないためにも、
「良い会社」を見極めるポイントはあるのだろうか？

社風の良い会社が良い会社

会社にはそれぞれの社風があります。その会社で働いている人たちが良い環境、良い雰囲気、良い条件のもとで働いていれば、自ずと社風もよくなります。社風は社員たちによって作られ、継承されていくわけですから、そこで働く人たちを見れば、その会社の社風もわかります。

企業が急激に拡大するときには、年間何百人という規模で採用します。新しい人が入ってくると、企業の社風も変わってきます。しかし、急激に会社が成長するということは、その会社はどこか社風が良い、ということでもあるでしょう。それだけ魅力的な会社だからこそ、入社を希望する人も多くいるというわけです。

会社が大きくなり、人が増えていくに従って社風は変わらざるを得ませんが、どこかに創業時の社風を残しておかなければ、その会社の独自の魅力がなくなってしまいます。会社が大きくなるに従って、まったく別の会社になってしまっては意味がないのです。ソニーにしても、ホンダにしても、創業時の社風が残っていて、みんながそこに憧れて入社する。そういう気持ちが愛社精神にもつながるのでしょう。

働く人のモラルがよく、愛社精神に溢《あふ》れている。また創業者の経営理念や経営スピリットが生きている。良い会社を見極めるポイントの一つは社風の良さであると言えるでしょう。

採用試験は会社側も選ばれている

良い会社に入りたいと考えている人にとって、見極めるポイントとして、採用試験の対応を見る、ということもあります。

まず、今の学生の就職活動から考えてみましょう。学生が「○○の会社に入りたいな、働きたいな」と思ったら、その企業に「新卒採用の資料をください」と資料を請求しますね。そのときに、その請求に対してきちんと誠意ある応対をしてくれるか否かで、企業の姿勢が見えてきます。

請求をしても、なんの返事もくれない会社。そういう会社が良い会社だと言えるでしょうか。その会社に資料を請求した学生は、「もう二度と、その会社の製品は買わないぞ」と思うでしょう。つまり、そこで将来のお客様を失っているというわけです。

逆に、請求した学生一人一人にきちんと応対してくれる企業は、たとえ入社試験に落ちたとしても、「落ちちゃったけど、あそこは良い会社だから、これ

良い会社を見極めるポイントは？

〈採用試験の会社の応対は判断のポイントの一つ〉

● 会社の人事の人たち

● 就職活動中の学生

▶▶ウラを返せば大事なお客様

入社希望者の一人一人に対して、きちんと誠意ある応対をしてくれるか否かで、企業の姿勢が見えてくる

会社も選んでいるようで、実は選ばれている

からもあの会社を応援しよう」と思えるのです。

採用試験でも、応募をした人の気持ちにシコリを残さない方法を考えている会社があります。その一つが、「**圧迫面接**」*9という方法です。わざと厳しい質問をして、その反応を見るというやり方です。この方法ですと、面接を受けた学生は、「ああ、自分は面接で失敗した。落ちてしまった」と考えるので、不合格通知をもらっても納得するというわけです。

なまじ面接が和気藹々《わきあいあい》と進んだ後で不合格通知を受け取ると、「なんで?」という割り切れない気持ちが残ってしまうというわけです。

その一方で、「ああ、自分はダメだった」とがっかりしている学生に採用内定通知が届くと、学生の喜びはひとしおでしょう。「会社に入ってがんばるぞ」という気になって、社員のモラル向上にもなるというわけです。

ただ、この「圧迫面接」には、諸刃《もろは》の剣という側面があります。面接で厳しく追及されて、その会社のことをすっかり嫌いになってしまう、という人が出る危険もあるからです。

会社選びの際に、仕事の内容ばかりでなく、給料や職場環境など条件面でも判断するのは当然ですが、会社の対応をきちんと見極められるか否かで、その後の会社員生活が大きく変わってくるはずです。

〔会社の正体〕4

「良い会社」「悪い会社」ってあるの？

最近「ＣＳＲ」という言葉がよく聞かれるようになった。
ビジネス誌などでは、「日本の企業
ＣＳＲランキングベスト100」などという記事も目立つ。
「良い会社ってなんだろう？」ということが
ますます問われるようになってきた。
一般的に「良い会社」「悪い会社」って、
いったい何を基準に
判断しているのだろう？

社会に役立つ会社かどうかが問われている

ＣＳＲという言葉、見たり聞いたりしたことはありませんか。Corporate Social Responsibilityの略で、「企業の社会的責任」という意味です。良い会社ってなんだろう？　ということがますます問われる時代になってきました。

企業も社会の一員です。社会的存在なのです。社会的存在である以上、社会の一員として、社会の中でちゃんと真っ当に生きていかなければいけません。あるいは社会のために良い働きをしなければいけません。

例えば、環境問題です。売った製品について、最後まで責任を持っているか。そういったアフターケアまで行き届いているかどうかまで、消費者は厳しい目で判断するようになりました。

一昔前は「使い捨てカメラ」という呼び方がありましたが、今では「撮りっきりカメラ」と言うようになりました。それは、企業がCSRを意識して、なるべく無駄のあるイメージを払拭《ふっしょく》するための努力をしているからです。実際にフィルム以外のものは全て回収するようになりました。携帯電話も、新しい機種に変換したら古い機種を回収するようになりました。電池も時計屋さんに持っていけば、回収してくれます。

自動車もそうです。今までなら廃車にしてしまうような自動車の部品を一つ一つバラバラにして、それらを改めて再生して次に使う、という形ができてきました。さらには、初めからリサイクルすることを考えて、廃車にしたときに簡単にバラバラにできるように考えて作られるようになっています。

そういうアフターケアを我が社は九十何パーセントまでやっています、うちは一〇〇パーセントやっています、というアピールを掲げるようになりました。

会社が本業で社会の要求に応えるのは当たり前。要求に応えているからこそ存続できているのですが、今はさらにプラスαが求められる時代になっているということです。

もちろん、きちんと利益を出した分は、それだけ税金も納めます。「我が社はちゃんと国に税金を払っています」ということは、それだけでも社会のために役立っていると言えるでしょう。

堤義明《つつみよしあき》元会長が逮捕されたコクドは、西武鉄道の親会社で、全国にプリンスホテルを展開していましたが、税金をほとんど払っていない会社として有名でした。利益が上がっても、さまざまな節税手段を講じて、税金を納めないようにしていたのです。

全国で事業を展開している会社の社会的責任をどう考えているのか、という疑問の出る経営体質でした。そんな体質だったからこそ、堤元会長逮捕という結果になったとも言えます。

しかし、納税だけではありません。

環境を汚さないように努力しますとか、社員がボランティア活動をするときに援助しますとか、あるいは社会のために寄付をしますとか、そういう形で「会社が社会のために役に立ちますよ」という姿勢が求められるようになりました。

社会的な責任をきちんと果たしている企業が、良い会社というように判断される時代になったということです。

例えば日本の企業のCSRランキングでは、よくキヤノンが高位に入っています。キヤノンは、「コピー機やファックスも全てリサイクルしますよ」と謳《うた》っているからです。

これは「社会にとっていいことをしていますよ」という会社の姿勢が評価されている証拠だと言えます。

CSRに関連して、株式の投資、投資信託の中にCSR投資信託、というものがあります。それは文字通り、社会のために役立っている会社の株にだけ投資しましょう、というものです。例えば、環境のことを常に考えている会社、本来の業務とは別にあちこちで植林をしている会社、そういう社会のために仕事をしている会社の株を買いましょう、そういう会社は将来的にも伸びるはずです、という発想からです。

ザ・ボディショップという化粧品会社があります。ザ・ボディショップは容器がゴミにならないように、詰め替えに力を入れました。そこで上がった利益は熱帯雨林を守るために使います、とアピールしています。

儲かっている会社、儲かっていない会社

日本は**資本主義**[*10]の経済システムです。経済合理性だけを考えれば、良い会社は儲かっている会社、ということになります。儲かっている会社はどういう会社でしょうか。よく考えてみると、お客さんに喜ばれるものを提供している会社、ということになります。よい商品を作り、それがお客さんに喜んで買ってもらえるから、儲かる。さらに儲かれば、国には法人税を納め、都道府県には法人事業税という形で税金を納める。税金を納めることによって、みんなのためになっている。そういう意味でも、儲かっている会社は良い会社ということが言えるのではないでしょうか。

少々乱暴な言い方になってしまいますが、逆に、悪い会社は儲かっていない会社、ということになります。

資本主義の経済合理性の原理では、まさに「儲かっている会社は良い会社」、「儲かっていない会社は悪い会社」ということになります。儲かっていないということは、みんなの求めるものを提供していない、ということですよね。それから、どこかに無駄があるということ。たくさん売れても、会社の中でどこかに無駄があれば、それはダメになってしまう。そうなると、儲かっていない

悪い会社はどんな会社か？

●社会的に意味のないところでたくさんのお金が使われている
社会的に悪いことをしている会社は長くは続かない
●社会的に意味のないところでたくさんの人が働いている
●売れないでたくさん残る
●社会的に喜ばれない物をたくさん作る

儲かっていない会社は悪い会社

儲かっていないということは、みんなの求める物を出していないということ。また、どこかに無駄があるということ。売れない商品を作る会社、無駄がある会社、悪徳商法はやがて淘汰される。

大原則 ▶ 会社は社会に支持されるからこそ存在できる

会社は、やがて淘汰《とうた》されていきます。

さらに、社会的に悪いことをして儲かっている会社は、たとえ一時的には儲かったとしても、悪徳商法によって刑事事件に問われたりして、結局長くは続きません。

儲かっていなかったり、社会的に求められていなかったりする会社は、やがては消えていきます。

もちろん企業が倒産するのは、そこで働いている人にとって決していいことではありませんが、資本主義の世の中ではある程度仕方ないということになります。会社がつぶれてしまうということは、お客さんに見捨てられたから、社会的に存在価値がないと見られたから、ということです。

社会的に意味のないところで、たくさんの人が働いていたり、そこでたくさんのお金が使われていたりするということは、社会全体で見ると、とても無駄だ、ということになるのです。

もちろんこれは、かなり乱暴な言い方です。社会的に役に立つ仕事をしていても、経営が傾くことはあり得ます。

でも、社会に支持されるからこそ存在できる、という大原則を忘れないでほしいのです。

●ひとことコラム●

「不道徳投資信託」

★社会のために役立っている会社に投資する投資信託の逆をやったらどうなるか、ということをアメリカで試算した人がいます。いわば「不道徳投資信託」です。社会に害のある企業にばかり投資するというものです。タバコの会社、お酒の会社、ギャンブルの会社です。そういう〝不道徳〟な会社ばかり投資したらどうなるか、というシミュレーションをしてみたら、けっこう儲かる計算になるという話もあります。

〔会社の正体〕5

新しい「会社法」ができた

会社の形態で
よく耳にするのは「株式会社」。
でも、「有限会社」というのもある。
そもそも「株式会社」や「有限会社」ってなんだろう？
どんな違いがあるのか？
また新しくできた「会社法」とは、
どんなものだろうか？

会社には四つの形態がある

過去に日本の会社には、株式会社、有限会社、合資会社、合名会社の四つがありました。53ページの表のような違いがあります。「出資者の責任」には、「有限責任」と「無限責任」がありますね。例えば、株式会社の場合、会社が倒産しても、出資者つまり株主は、持っている株が紙くずになってしまいますが、それ以上の責任は負わないですみます。これが「有限責任」という意味です。有限会社も同じですね。

これに対して「合名会社」は、社員が「無限責任」を負います。もし会社がつぶれて大損害が出たら、社員が全責任を負わなくてはならないという厳しいものです。

また、「合資会社」は、無限責任を負う人と、責任が限定的な人の両方がいる会社の形態です。

でも、私たちがふだん聞く名前は、株式会社と有限会社くらいのものでしょう。株式会社のほうが設立に資金がよりかかるという意味で、有限会社より大きい、というイメージを持っていただければけっこうです。有限会社は取締役会のメンバーも少なくてすみます。

一円で会社が作れるようになった

こうした日本の会社の形態が、二〇〇六年から、新しい「会社法」によって、まったく新しくなりました。

株式会社と有限会社は、「株式会社」に統一されました。これまでの有限会社は、「株式会社」と名乗ってもいいし、これまで通り「有限会社」の名前を

これまでの会社の形

	株式会社	有限会社	合名会社	合資会社
出資者の責任	有限責任	有限責任	無限責任	無限責任と有限責任
出資者の名称	株主	社員	社員	社員
出資者の人数	１名以上	１名以上50名まで	２名以上	無限責任者と有限責任者各１名以上
最低資本金額	1000万円	300万円	規定なし	規定なし
取締役数	取締役会が必要 取締役３名以上 代表取締役１名以上 監査役が必要	取締役会は不要 取締役１名以上 代表取締役は任意 監査役は不要	取締役会は不要	取締役会は不要
取締役の任期	２　年	なし	なし	なし

'06年からの新会社法

株式会社　**有限会社** → 統一

最低資本金の規制がなくなるのが大きな特徴

株主の責任：有限責任
取締役：1人以上
取締役会の書面決議可能、
決算公告義務あり
取締役・監査役の任期最大10年

新設

合同会社（LLC）

出資者は有限責任

合名会社　**合資会社** → 統一

基本的には合資会社

資料：中小企業庁「中小企業の観点からの会社法制の現代化の在り方について」

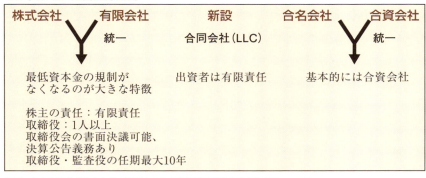

使うこともできますが、新しく「有限会社」を作ることはできなくなりました。

合名会社と合資会社は統合されました。基本的には「合資会社」になり、そのうち「有限責任社員のいない合資会社」が、合名会社ということになります。さらに、新たに「合同会社」LLC（Limited Liability Company）という形態が認められるようになりました。なんだか複雑になりましたね。「合同会社」は、会社を作るときに出資した人の責任は、出資金の範囲内だけ。つまり有限責任です。会社の仕組みは、生協のような組合組織だと考えていただければ結構です。

新しく会社をどんどん作りやすくしようと、資本金が一円でも株式会社を設立できるようになりました。ただし、会社が大きくなったら、資本金が一円では信用が得られないので、結局増やしていくことになります。

そもそも株式会社って、なんだろう？

では、株式会社とは、そもそもどんな会社なのでしょうか。簡単に言えば「お金を出した人が限られたリスクを負うだけですむ組織」です。

株式会社は株主から資金を出してもらって設立します。逆に言えば、会社を設立するときに資金を出してくれた人に、「確かにお金を出してくれました」

という証拠として「株」というものを渡すのです。株を持っている人が「株主」です。株式会社が利益を上げれば、その利益の一部を「分け前」として株主に渡します。これが「配当」です。

しかし、その株式会社が利益を出すどころか倒産してしまったら、株主が持っていた株券は紙くずになってしまいます。でも、会社が倒産したからといって、株主は、出した資金が消えてしまうこと以上の責任は追及されません。「全財産を差し出せ」などとは要求されないのです。株主の責任は、出資した資金以上のものではないのです。これが、「限られたリスクを負うだけ」という意味です。

株主は、出資した資金がなくなってしまうという「リスク」を負担することで、「配当」という「リターン」が受け取れるのです。

株の上場とはどういうこと？

会社（中小企業・小規模事業含めて）は全国に約三八四万社もあります（二〇一四年経済センサス―基礎調査）が、私たちが日頃名前を見聞きする株式会社は、そのうちのほんの一部です。名前がよく出てくる株式会社は、その大半が「上場企業」です。

「上場企業」とは、東京証券取引所などの株式市場で株が売買されている株式会社のことです。「上場」とは、「株式市場に上がる」という意味で、株式会社の株を誰でも自由に売買できるようになることです。

株式会社を個人が設立する場合、家族や親戚、友人に資金を出してもらって株主になってもらう方法がほとんどでしょう。でも、会社の事業が順調で大きく成長した場合、もっと仕事を広げるために多額の資金を必要とすることがあるでしょう。そういうとき、新たに大量の株を発行し、これを株式市場で不特定多数の人たちに買ってもらえれば、資金を集めることができます。これが「株の上場」なのです。

株を上場すれば、その会社の株は、株式市場で誰でも自由に売買できます。会社の経営者の意向に関係なく、株が売買されるようになるのです。

こうなると、株式会社は、従来の株主や経営者だけのものではありません。誰が株主になるかわからないという意味で、その会社は社会に開かれたものになります。会社は「公共的な存在」になるのです。そこで英語では、「上場」のことを「Go Public」（公共のものになる）と言います。

株式会社は、これまで以上に社会的存在になるのです。

【会社の正体】6

「法人」って、なんだろう？

ニュースに出てくる「法人」。NPO法人、学校法人、医療法人など、法人にもいろいろあるようだが、それぞれどんな違いがあるのだろう？

お金を儲けなくてもよい法人もある

法人とは、法律上、人として扱う団体、組織のことだ、というのは前に説明しました。一般的な「会社」は、営利を目的とする団体・組織ですが、最近よく言われるNPO法人とは、営利を目的としない活動をする団体、非営利団体です。NPOとは「Non Profit Organization」の頭文字を取ったもので、「非営利組織」のことです。

例えば、ボランティアをやりましょう、と何人かでボランティア活動を始めたとしましょう。昔はボランティア活動で部屋を借りたり、車を買ったりするのは、全て個人の名前でしなくてはいけませんでした。ところがＮＰＯ法人という組織が認められてからは、会社と同じように人として認められ、活動する場を借りるときも、活動のための車もＮＰＯ法人の所有物として使えるようになったのです。

学校法人は、そもそも塾などから始まったケースがあります。昔は自分の財産を出して、自分の土地に建物を建てて、生徒を集めて、いろんなことを教える、というような寺子屋のようなものがありました。それはその人、個人のものですよね。しかし、これを一つの学校にしたいと考えると、学校法人というものを作って、個人の土地や建物だったものを「学校法人に寄付します」という形を取ります。そのような段取りを経て、「学校法人として認めますよ」と承認されて、初めて個人のものではない学校法人という組織が生まれるのです。そして、寄付したもともとの所有者は理事長というふうになるのです。個人の所有物の時には、所有者が亡くなったときは大きな問題が起こりそうなことでも、学校法人という形をとることで、理事長が亡くなっても、別の人が理事長になれば、今までと同じように存在することができるのです。

病院などは医療法人、老人ホームなどは社会福祉法人というふうに同じような経緯を経て法人となります。お寺や神社は宗教法人です。

財団法人とは？

またほかには財団法人、というものもあります。財団法人は普通の会社とは違ってお金儲けをせずに、社会のために役立つ活動をする組織です。金儲けをしない会社なので、その分、税金は他の会社より安くなります。ただ、ちゃんと社会に役立つ活動をやっていかなければいけない。活動をするためには資金が必要です。その資金は大金持ちや篤志家《とくしか》、それに社会に貢献しようとする会社などがお金を寄付したりして、そのお金を基盤に財団が作られるのです。

財団法人という組織は、利益を追求することよりも、その社会に役立つ組織を毎年きちんと運営していきましょう、というレベルのものです。

例えば、日本財団という財団は競艇の売り上げ金で運営されています。競艇といえば、国や地方自治体が運営しているギャンブルです。一般の企業には絶対できない商売です。その一般には認められないギャンブルを国や地方自治体が特別に認められてやっている。そこで上がった売り上げ金の二・六パーセン

法人の種類と性質

●営利法人	株式会社や有限会社のように、営利を目的とする法人。
●公益法人	利益を求めず、社会の役に立つ活動をする。
●特殊法人	民間企業ではできない事業を行うため、国が法律を作り、その特別な法律に基づいて作られた法人。NHK（日本放送協会）は放送法という特別な法律に基づいて作られている。
●特定非営利活動法人	NPO法人。「Non Profit Organization」の頭文字を取ったもので、非営利組織のこと。平成10年12月に施行された「特定非営利活動促進法」により、法人となることを認められる。

トを毎年受け取っていますが、日本財団はそれをもとにお金儲けをするわけではなく、受け取った金額の半分近くは、ボランティア団体や海外の人たちの手助けなど、さまざまな福祉事業に寄付しているのです。

法人には、たくさんの種類があります。株式会社のように、営利を目的とする法人のほうが大多数ですが、その組織が存続できればいい、存続できる程度にはお金を稼ぐけれど、それ以上の利益は追求しません、という法人もあるのです。ただ存続することで、社会の役に立ちましょう、という組織もあるのです。

ひとことコラム 知っておきたい用語解説

★＊1　東インド会社（East India Company）　17世紀に西欧諸国が東洋貿易のために設立した特許会社。イギリスは1600年、オランダは1602年、フランスは1604年に設立。会社の当初の目的は香料などの物産貿易だったが、やがて植民地経営にまで発展する。オランダ東インド会社は、世界初の株式会社である。

★＊2　人件費　人の勤労に対して支払う経費で、賃金・手当・退職金なども含む。

★＊3　法務局　国の利害に関係ある民事・行政の争訟、国籍・戸籍・登記・土地家屋台帳・供託・公証など、他にも人権擁護に関する事務を執り行う法務省の地方機関。

★＊4　登記　権利の得失・変更などを広く社会に示すため、所定の登記簿に記載すること。また、その記載。不動産登記・商業登記・法人登記などがある。

★＊5　ベンチャー企業　ベンチャー（Venture）とは、「冒険」という意。新しい発想の基に新たな商品や技術、業態を中心に創設される中小企業。

★＊6　ウェルチ　ＧＥ元会長兼ＣＥＯ。１９５３年、アメリカ生まれ。21年にわたり、強烈なリーダーシップを発揮し、ＧＥの変革に取り組む。産業界、メディアから20世紀における最も優れた経営者として賞賛される。

★＊7　アグファ　１８６７年に創業したドイツのフィルムメーカー。20世紀初頭に最初のフィルムを発売している。

★＊8　鈴木敏文　１９３２年、長野県生まれ。東京出版販売（現トーハン）を経て、１９６３年イトーヨーカ堂に入社。73年に周囲の反対を押し切ってセブン-イレブンジャパンを創設した。

★＊9　圧迫面接　言葉や態度で応募者を否定したり、無関心を装って不採用を暗示したりするなど、面接担当者が故意にプレッシャーをかける面接。

★＊10　資本主義　商品を生産することによって利益を追求しようとする形態。この形態のもとに商品を生産し、流通を行うシステムが資本主義体制。

第2章

会社の組織

大企業から小さな会社まで、
どのような組織のもとに成り立っているのか?

［会社の組織］1

会社で一番偉いのは誰だろう？

会社にはいろんな「長」がつく人がいる。
代表取締役社長、会長、名誉会長などなど。
最近ではＣＥＯだとかＣＯＯなんて役職もある。
会社の中で一番偉い人って、いったい誰なんだろう？
また偉い人はいったいどれほどの権力があるのだろう？

一番偉いのは株主だ

会社で一番偉いのはだあれ？　社長？　そう思うかも知れませんが、違います。正解は株主です。

株主が資金を出したから、株式会社が存在します。株主が、株を持つことで会社そのものを保有しているのです。だけど株主がいつもその会社を見ているわけにはいきません。そこで、株主はその会社の経営を専門家に委託します。それが会社の取締役であり、社長です。このことを経営学的には所有と経営の分離と言います。

1章（54ページ）で株式会社の仕組みについてお話ししました。例えば、中小企業の社長は、自分で資金を出して株式会社を作った場合、会社の株は全部自分が持っていますね。株を上場しなければ、全ての株の保有者は自分なので、その会社の社長でもあり保有者にもなります。

しかし、株を上場して多くの人に株を買ってもらうと、その株式を持っている人が、その会社の所有者になります。マンションの区分所有で考えるとわかりやすいかも知れませんね。あなたがマンションを買ったとします。しかし、そのマンションにはあなただけではなく、たくさんの人が住んでいます。その

会社は誰のものなのか？

●10万株持っている人も、1万株持っている人も、株式を持っている人はその会社の所有者になる
●たとえ何万分の1でも株を持っていることによって、その会社の何万分の1の所有者になる
○△マンション

●株を上場して、多くの人に買ってもらう

会社の所有者は株主だ

株式会社は株主が資金を出したから存在する。
株主が株を持つことで、
会社そのものを保有していることになる。

マンションの土地と建物を、あなたは何百分の一だけ所有しているに過ぎません。しかし、その部分は確実に所有しているわけです。

株主もそういうことなのです。一万株持っている人、十万株持っている人がいるかも知れませんが、その会社の何万分の一の株を持っていることによって、その人はその会社の何万分の一の所有者になる、ということです。

社長はどのようにして選ばれるのか？

それでは、社長というのは、どういう立場なんだろう？　ということになりますね。今の日本の大企業の多くの社長はサラリーマン社長、雇われ社長です。その会社に入って、ずっと頑張って偉くなり、結局社長になった、という人がほとんどです。しかし、建前としては、株主から経営の専門家として会社の経営を委託されているのです。ということは、株主から「お前はクビだ」と言われたら、その社長は辞めなければなりません。

株主が株主総会で取締役たちを選び、この取締役たちが取締役会を開いて社長を選ぶという形になっているのです。ですから、取締役会が「社長は辞めなさい」と申し渡すこともできることになっています。

しかし、それもあくまで建前です。実際はそうなっていません。なぜなら、その取締役たちを選んだのは誰なのかと言うと、それはほかでもない社長だというのが実態だからです。自分を選んでくれた人に、「辞めろ」とはなかなか言えません。

その社長がしっかりした経営をしていれば問題ありませんが、きちんと経営できず、業績も悪化し、会社がどうにもうまくいかなくなっても、取締役会では社長に「辞めろ」のひとことが言えない。猫の首に鈴をつける人がいない。そんなことをしているうちに、会社が傾いてしまうこともあるのです。

あなたの会社が買収されるかも!?

株主が会社の保有者ですから、あなたが会社の株を過半数持てば、あなたはその会社の最大の保有者になります。会社に対して、とても強い立場に立ちます。誰を経営者に選ぼうが、あなたのお気に召すまま、です。

どこかの個人や企業が、ある会社を自分の思うがままにしようと、その会社の過半数の株を買い集めること。これが「企業買収」です。

二〇〇五年二月、ライブドアというネット企業がラジオのニッポン放送の株を買い集め、これを阻止しようとするフジテレビとの間で買収合戦を繰り広げました。当時はニッポン放送がフジテレビの親会社だったので、ニッポン放送の株を買い占めることで、フジテレビを支配しようとしたのです。結局は、ライブドアが買い集めたニッポン放送の株をフジテレビが買うという形で妥協が成立しましたが、このニュースを見て、「そうか、いざというときは、社長より株主のほうが偉いんだ」と気づいた人も多かったことでしょう。

企業買収には、買収される企業の経営陣も納得している平和的なものと、経営陣が反対する「敵対的買収」の二種類があります。ライブドアによるニッポン放送株の買い占めは、敵対的買収でした。

ただ、この場合の「敵対的」とは、買収しようとする人が、これまでの経営者と「敵対」しているという意味で、会社そのものと敵対しているわけではないのです。そこのところを間違えないようにしましょう。

ライブドアのニッポン放送株買収では、ライブドアはニッポン放送経営陣の賛成を得ないで一方的に買収しようとしたので、「敵対的買収」と呼ばれたのです。ライブドアの堀江《ほりえ》貴文《たかふみ》社長（当時）が、ニッポン放送に敵対したというわけではありません。

しかし、ニッポン放送の社員のほとんど全員が「買収反対」の立場をとりましたから、結果的には会社そのものと「敵対」したようなものでしたが。

敵対的買収は、「今の経営陣に任せておくより、自分が乗り出したほうがずっといい経営をできる」と考えた人が買収に乗り出すのが一般的です。だから、今の経営陣と「敵対」するわけです。

当時、ライブドアの堀江社長は、「株を上場しているということは、いつ買収されても構わないということなんです」と発言しました。これは、まことにその通りなんですね。「いやなら上場をやめればいい」のですから。

株を上場するということは、その会社が公共的な存在になるという話を前にしました。いつでも誰にでも買収できるようになるから、「公共的」であり、「社会的存在」なのです。

あなたが働いている会社が上場している株式会社だったら、ある日突然、知らない会社に買収されることはあり得るのです。

また、株を上場していなくても、あなたの会社の大株主が、持っている株を他人に売り渡せば、あなたの会社の所有権は、その人に移ります。その会社で働いている人の意思に関係なく、会社の売買が行われることがあるのです。

あなたの会社は、大丈夫でしょうか?

ホールディングスの誕生

近ごろ、「○○ホールディングス」という会社名をよく耳にしますね? これは、前項でお話しした〝ライブドア事件〟を一つのきっかけに誕生した、会社の新しい形態です。

といっても、「ホールディングス」は日本語に訳すと「持株会社」。持株会社には二通りあります。自分たちの事業を行いながら、別の会社の株式を保有して支配する形式。これは「事業持株会社」と呼ばれています。

今「ホールディングス」という場合は、「純粋持株会社」を指すのが一般です。この会社は製造や販売などの事業は行わず、グループ内の会社の株式を持って、グループ全体を支配することを主な業務としています。収入は傘下の企業の配当です。

仕組みとしては、三井・三菱・住友等に代表される戦前の旧財閥と似ています。この旧財閥は、戦前、日本経済に対する支配力があまりにも大きくなり過ぎたため、戦後長らく「純粋持株会社」が禁止されていました。自由競争の面から好ましくない、という理由からです。

それが解禁されたのが、一九九七年のこと。海外では巨大な企業が続々と誕生している中で、日本でも「グループ力を結束できる大きな組織形態を持っていないと、国際社会で戦えない」という危機感が高まったからです。

そこへもってきて、くだんのライブドア事件が発生しました。企業はいっそ

「持株会社」には２通りある

事業持株会社　事業と企業の支配兼業体制

純粋持株会社

事業は行わず、
グループ全体を
支配している

う「いつ何時《なんどき》買収されるかわからない。危機に備えなければ」と、ホールディングスの設立に向けての動きが進みました。

ホールディングスを核とするグループ傘下の企業は、それぞれの事業を展開します。これは従来通りです。グループ化する利点としては、互いの不得意分野が補えること、仕入れや物流網などを共有することでコストを減らし、業務の効率化が図れる、といったことがあげられます。企業単体の利益に囚《とら》われなくてすむ分、不採算部門を売却したり、新規事業に参入したりするなど、戦略的な経営がやりやすくなるのです。

もう一つ、大きいのはＭ＆Ａ（企業の合併・買収）が容易なこと。グループ会社はすでに経営統合で合意済みですから、友好的に進められます。

ここ数年、たとえば三菱ＵＦＪフィナンシャル・グループやみずほフィナンシャルグループ、三井住友フィナンシャルグループ、りそなホールディングスなど、金融機関がホールディングスに移行して業界再編を進めているほか、証券・保険・流通・食品・外食・運輸・建設等、多種多彩な業界で企業グループの再編が積極的に行われています。これら〝集合体〟は今後、日本経済の牽引《けんいん》役《やく》になることが期待されています。

〔会社の組織〕2

取締役会って、いったいなんだろう？

ニュースなどでよく耳にする
「取締役会で決定しました」という表現。
「取締役会」で、いったい何を決めているのか？
また取締役会で決定するようなことは
会社のどんなことなのか？
取締役会にはどんな人がいるのか？
「取締役会」について詳しく知りたい。

取締役会が会社を運営する

前に、会社で一番偉いのは株主で、株主が経営を専門家である取締役たちに委任するという話をしました。株主たちが集まる株主総会では、今後一年間の会社の経営方針を承認します。その方針に基づいて、実際に経営を行うのは、株主総会で選ばれた取締役たち。取締役たちを指揮するのが代表取締役。つまり、社長や会長です。取締役たちの集まりが取締役会。少なくとも三カ月に一回は開かなければならないことになっていますが、これが会社の最高意思決定機関です。ライブドアがニッポン放送の株を買い占めるために資金を調達するという方針を決めたのは、二〇〇五年二月八日早朝の取締役会でした。堀江社長が一人で勝手に決めたのではないのです。

「代表取締役」は、一人とは限りません。代表取締役社長、代表取締役会長、中には代表取締役相談役なんて職名の人までいます。

取締役たちが業務に取り組んだ結果、会社が利益を出せば、取締役会として、その資金をどう使うか方針を立てます。とりあえず預金しておくのか、株主に配当として還元するのか、新しい工場を建てるのか、経営陣に報酬を支払うのか、という方針を決め、株主総会に提案します。株主総会の承認を得て資金を使う、ということになるのです。

意外に知られていないのですが、取締役は、会社の社員ではありません。管理職でもないのです。社員が出世して管理職になり、さらに取締役になる場合、いったん企業を退職します。退職金も受け取ります。会社を退職して、会社と関係なくなってから、あらためて取締役に委任され、今度は経営のプロとして、会社の経営に当たるのです。社員は会社と雇用契約を結んで仕事をしますが、取締役は会社から委任されて業務に当たるのです。

取締役は社員ではなくなったので、毎月受け取るお金は給料ではなく報酬と呼ばれます。二年という任期もあって、業績を上げれば再任されるし、評価が低ければ一期限り、ということになります。

取締役という言葉が出てくると、よく監査役という職名を聞くこともあると思います。監査役は、取締役と共に株主総会で選ばれますが、取締役ではありません。取締役がちゃんと仕事をしているかチェックする（監査する）という仕事をしているのです。

会社の上の組織を見れば、会社の性格も見えてくる

会社を見極める方法を1章（43ページ）でお話ししましたが、実は見極める方法がほかにもあります。会社組織のトップを見る方法です。

例えば、「名誉会長」や「取締役相談役」、「代表取締役会長」。そういう肩書きの人がいる会社はあまりおすすめできません。

「代表取締役会長」ってなんだろう？　どんな人？　と思いますよね。取締役会が会社の最高意思決定機関であるという話をしました。つまり、取締役会の役員（取締役）は、会社の方針について誰でも意見できるということです。そ

の中でも決定権を持つのは、普通は代表取締役社長です。しかし、ここに「代表取締役会長」というポストができてしまうと、代表取締役社長と代表取締役会長、どちらが偉いのか？　ということになってしまいます。社長が退任して会長になると、さて、偉いのはどっちだろう、ということになりますね。伝統的な考え方ですと、実際に力を持っているのは社長で、会長は「ご隠居さん」というイメージもあったのですが、実力派社長が会長になっても権力を離さない、というケースもしばしばあります。

ライブドア騒動のとき、フジテレビには社長がいるのに、日枝久《ひえだひさし》会長が表に出てきました。フジテレビでは会長のほうが社長より力を持っているということがはっきりしました。

さらに「取締役相談役」は、社長や会長を退いたあとに、就任する人が多いポストです。でも、「相談役」がいると、社長や会長は経営の大事な方針について、この相談役に「相談」しなければならないのでしょうか。だったら、決定権を持つのは誰でしょうか。これでは会社の権力が二重にも三重にもなってしまいます。こういうトップの構造からは、「人事が停滞しているのではないか？」「指揮命令系統がはっきりしていないのでは？」「派閥抗争がいろいろありそうだ」「きっと表には出てこない、隠然たる権力者がいるのだろう」など

取締役会が会社の方向性を決めている

《取締役会がすっきりしている会社》

●トップ(取締役会)の頭は小さくすっきり(役員が少ない)
●世の中のスピードに対応できる
●決断したら、すぐにその方向へ向かって進む

《取締役会が停滞している会社》

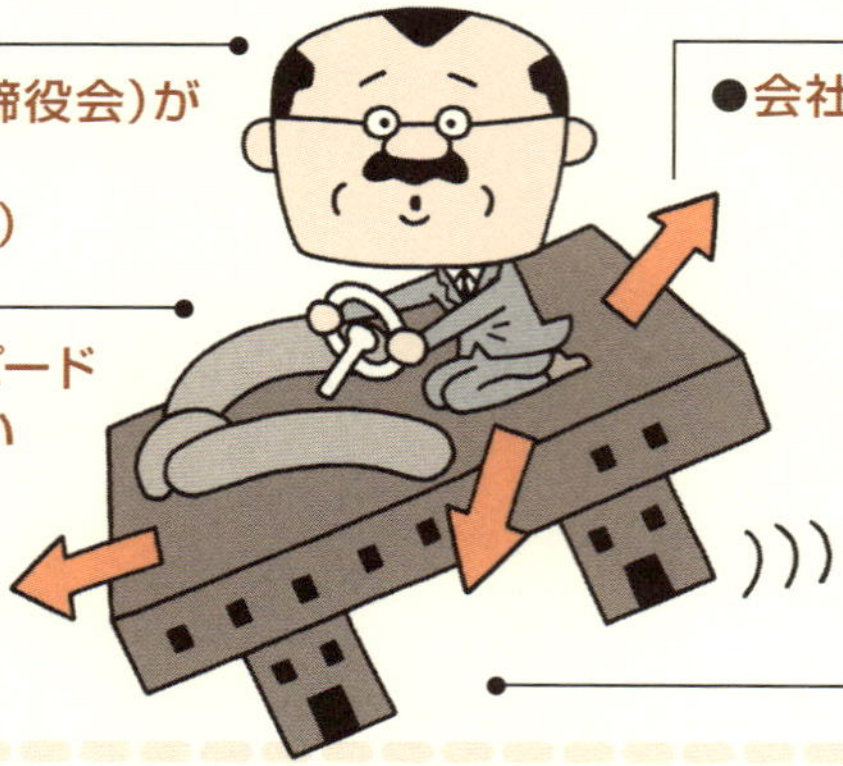
●トップ(取締役会)が頭でっかち(役員が多い)
●世の中のスピードに対応できない
●会社の方向性が決まらない

スピード経営が要求されている

取締役は株主総会で選ばれた経営の専門家の集まり。会社の最高意思決定機関。変化のめまぐるしい現代では、即断即決即実行が求められている。

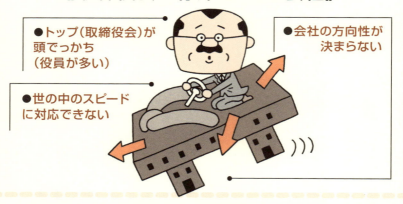

ということが推測できます。会社の中に、会長の派閥と社長の派閥があって、派閥抗争がいろいろあったりするとなれば、「会社の中が停滞しているな、そういう会社は決して居心地が良くないな」と考えるのも一つの判断基準になるのではないでしょうか。「会社の組織の上のほうがどういうふうになっているのかな？ すっきりしているのかな？」。気になる会社があれば、ぜひそこにも目を向けてみてください。組織のトップは頭でっかちではいけません。頭は小さくてすっきりしているほうがいいのです。

決断のスピードが求められている

今、世の中はとても速いスピードで動いています。世の中の動きに対応するためには、企業も早く決断し、決断したらすぐにその方向へ向かって進まなければなりません。

会社の方向性を決めるのは取締役会です。即断即決即実行が求められる存在の会社の取締役会に三十人から四十人もの役員がいて、果たして徹底的な議論や迅速な意思決定ができるのでしょうか。取締役会で社長が一方的に話をして、ほかの取締役たちは何も発言せず、「ハイ、決まり」ということにもなりかねません。これでは、取締役たちの存在価値がありません。

【会社の組織】3

アメリカと日本、経営トップにどのような違いがあるのか？

最近よく耳にする「社外取締役」、「ＣＥＯ」や「ＣＯＯ」。
アメリカの経営制度の導入らしいが、
それによってどんなメリットがあるのか？
また日本の企業にうまく適応しているのか？

「社外取締役」って、どんな制度？

取締役会は会社の株主が選ぶという話をしましたね。株主から経営を委託されたプロの経営者たちが取締役たち、というわけです。ですから、取締役会は、株主のために仕事をするのが本来の立場です。

でも、建前は「株主のために」と言っていても、実際にはそうはならないこともありますね。ふだんの経営では、株主のことはあまり考えていないのが実態です。取締役たちは、そこの会社の社員として就職し、会社の中で成長してきました。どうしても、社員や自分たちのことを優先して考えてしまいがちです。

そこで誕生したのが、「社外取締役」という仕事です。会社の中で社員から取締役になった人ではなく、まったく別の仕事をしている人が、文字通り「社外」から取締役に選ばれるというものです。もともとはアメリカで始まった制度ですが、今では日本の企業でもよく取り入れられるようになりました。

それまで会社とは何の縁もゆかりもない人を、株主たちが自分たちの代表として取締役に選び、その人に会社を客観的に見てもらい、経営陣の仕事ぶりをチェックしてもらおうというものです。その会社とは縁もゆかりもない人ですから、当然その会社の社長に義理もありません。しかし、取締役である以上、その会社に責任はあります。第三者である社外取締役が、会社を客観的に見て、「このままでは、この会社は立ち行かなくなる。社長は無能だ。辞めなさい」と、社長を辞めさせることができるようにしようというわけです。

取締役会が社長を辞めさせる、という話はアメリカではよくあることです。日本のサラリーマン社長が自分の部下、取締役を選ぶという制度のもとでは、取締役会は正常に機能しにくい。そこで、外部から取締役を選んで、その会社の経営をチェックさせるのです。

経営と業務の執行を分けるのがアメリカ型だ

「CEO」や「COO」という言葉を聞いたことありませんか？ CEO（Chief Executive Officer）は最高経営責任者という意味で、「COO」は（Chief Operating Officer）、最高執行責任者です。アメリカの企業で一般的な役員の職務分担です。「経営と業務の執行は分ける」という考え方に基づきます。

日本では全てがごちゃまぜになっていて、社長が会社の経営から仕事の具体的な細部にわたるまで、全てに口を挟《はさ》むというのはよくあることです。

アメリカの大企業ではこれを分けて、CEOは会社全体のまさに経営そのも

社外取締役はどんな働きをしているのか?

●社外取締役に会社を客観的に見てもらい、経営陣の仕事ぶりをチェックしてもらう

●まったく別の仕事をしている人が社外から取締役に選ばれる

●サラリーマン社長が自分の部下、取締役を選ぶという制度のもとでは、取締役会は正常に機能しにくい

●ふだんの経営ではどうしても社員や自分たちのことを優先して考えてしまいがち

社外取締役が取締役会を正常に機能させる

のの方針を打ち出します。会社の将来像を描いて、会社はこれからどうすればいいのかを考えていくのがＣＥＯです。その下にＣＯＯを置いて、実際にそれらの業務を執行していく。実際に日々の仕事をどのようにこなしていけばよいのかを考えるのがＣＯＯです。

日本の場合は実はそのあたりがまだ非常にあいまいになっています。会社の会長がＣＥＯで、社長がＣＯＯなどと分けたりしていますが、それもあやふやなケースも多いようです。本当は会長など置かずに、社長がしっかりしていればとてもわかりやすくて、頭でっかちにもならずにいいと思うのですが。

［会社の組織］4

組織の形態にはどんなものがあるのか？

●●部がいくつかの△△課に分かれ、
△△課がまたいくつかの■■係に分かれる。
日本の組織は、このように仕事を細かく分業して、
小さなピラミッドが組み合わさって、
一つの大きな組織を構成してきた。

そもそも会社にとって「組織」とは、
どういうものなのか？
仕事をするのに最も適した、理想的な組織とは？

日本の会社組織は小さなピラミッドが組み合わさってできている

日本の会社組織は、一般に、小さなピラミッドがたくさん積み重なって大きなピラミッドになっているのが特徴です。係長のもとに数人の係員がいて、一つの係ができています。いくつもの係が集まって課ができ、課長がいます。あるいは、課長を補佐する課長補佐がいます。そうした課がいくつも集まって部

になります。部がいくつも集まって、さらに事業本部ができていたりします。実に縦に長い組織です。

こうしたピラミッド構造ですと、指揮命令系統がはっきりしていて、上からの命令が下まで届きやすくなります。

その反面、ピラミッドの下層に位置する社員の権限は限られたものになります。

何かを決断する際は、必ず上司にお伺いを立て、その上司はさらにその上の上司にお伺いを……という形で、経営の決断に時間がかかってしまうという欠点を持っています。

ヒラ社員のあなたが仕事のアイデアを思いついた場合、まずは係長か課長補佐に相談。係長や課長補佐が乗り気になってくれたら、その人が副部長や部長に相談。部長が乗り気になって、やっと取締役に相談……。時間がかかりますねえ。

ただ、こうして時間をかけて下から上までみんなが納得すれば、組織を挙げてのバックアップを受けることができて、提案が一気に実現する、ということもあります。

アメリカと日本の組織の違い

これに対してアメリカの企業組織では、フラットな構造の会社が多いのが特徴です。

取締役の下には何人ものマネージャーがいて、マネージャーの下に一般社員がいる、というくらいに縦の長さが短いのです。横に長い組織という言い方ができるかも知れませんね。

これですと、下の社員のアイデアはすぐに経営判断ができる責任者に届き、決断が下されます。経営にスピードが求められる現代にはぴったりの組織ということになります。

その代わり、その仕事のことを詳しく知っているのは、一番下の担当者とマネージャーだけ、などということになって、組織の全面的なバックアップなしで個人プレーで勝負しなければならなくなります。

また、中間層のマネージャーは、多くの部下を直接束ねる立場になるため、常に広い視野を持って目配りをしていなければなりません。日本の部長や課長よりはるかに仕事がきつい、ということになります。

日本とアメリカの組織の違い

日本の組織はピラミッド構造

●日本の会社組織では小さなピラミッドが積み重なって大きなピラミッドになっているのが特徴

メリット

●時間をかけて下から上まで納得すれば、組織を挙げてバックアップを受けることができる

デメリット

●下の社員のアイデアは上司にお伺いを立て、その上司はさらに上の上司にお伺いを……という形で、決断に時間がかかる

アメリカの組織はフラットな構造

●アメリカの会社組織ではフラットな構造の会社が多い

デメリット

●仕事を詳しく知っているのは担当者とマネージャーだけなどということになって、組織のバックアップなしで個人プレーで勝負しなければならなくなる

メリット

●下の社員のアイデアはすぐに経営判断できる責任者に届き、決断が下される

今、求められるのはどんな組織か？

伝統的な日本企業の組織も、アメリカ型の組織も、それぞれ長所、短所があることがわかったと思います。とりわけ変化がめまぐるしい現代では、「これが理想の組織形態」というものはないのだろうと思います。大事なのは、変化に合わせて柔軟に変化できる組織なのです。

とりあえずはピラミッド型の組織構造であっても、業務によっては、部と部を横断するプロジェクトを組織して対応し、仕事を成し遂げたら、さっさと解散する、というくらいの臨機応変な組織が求められていると思います。

私事ですが、私が二〇〇五年三月までキャスターをつとめた「ＮＨＫ週刊こどもニュース」も、プロジェクト方式でした。報道局と制作局という、ふだんは一緒に仕事をすることのない両組織から「週刊こどもニュース・プロジェクト」にメンバーが集められ、一緒に仕事をしました。ニュースの内容に関しては報道局の記者が責任を持ち、番組を子ども向けにする演出面は制作局のプロデューサーが担当するという分業で、協力しあうことができました。

組織はプロジェクトですから、部屋は報道局でも制作局でもない場所にありました。部屋の使用期限は一年ごとに更新されます。つまり、「番組がつまらなくなったら、来年は存在しないかも知れないプロジェクト」という危機感がスタッフの意識の中にあるのです。

組織それ自体の存続が目的になってしまったら、会社の業務は行き詰まります。いつでも柔軟に組織され、外部の変化に合わせて組織も変化し、任務を達成したら解散して、また新しい業務につく。こんな組織のあり方が求められているのだと思います。

●ひとことコラム●「週刊こどもニュース」

★「週刊こどもニュース」は、1994年4月から2010年12月まで、NHK総合テレビで放送されていた、一週間に起こったニュースをわかりやすく伝えるニュース番組。

お父さん・お母さん・子どもたちという5人家族の設定の中で、お父さんがニュースや社会問題を子どもにも理解できるよう、模型や図表・国家の金融政策を一般的な家庭の家計簿などに置き換えるなどして、わかりやすい解説を行った。

第3章

会社の経営

会社の方向性を左右する経営
「経営」っていったいどんな仕事だろう?

［会社の経営］1

日本的な経営って、どんな経営？

「会社に入ってしまえば一生安泰」

「ほっといても給料は上がる」と言われていた時代から、

「いつクビになるかわからない」

「年次に関係なく、成果を上げた者が出世し、給料もたくさんもらう」

という時代に移行したかに思えたが、果たして
日本のビジネスパーソンたちはそれらに順応できたのだろうか？

戦後、長い間、日本の企業社会を支えてきた、
いわゆる「日本的経営」って、いったいどんなものだったのだろう？

終身雇用・年功序列が「安定した生活」を支えてきた

「日本的経営」という言葉を聞いたことがあるのではないでしょうか。「日本的経営の三つの柱とは何か、答えよ」という問題が出たら、それは、「終身雇用、年功序列、企業別組合」です。

終身雇用とは、いったん就職したら、不祥事などを起こさない限り、定年まで働けるという保障があることです。

年功序列とは、新入社員は会社の一番下のランクから始まり、次第に仕事を覚え、年をとるに従って、係長、課長と、仕事のランク（職階）が上がって行き、それに合わせて給料も増える、というものです。

企業別組合とは、欧米の「産業別組合」に対比される言い方です。欧米では、例えば自動車会社の労働組合は、組合員が勤めている会社がフォードだろうがGMだろうが、企業と関係なく、自動車産業の組合になっています。自分が所属している企業ではなく、自分の職種を大事に考える、という意識を持っています。これに対して日本の労働組合は、トヨタ、日産、ホンダというように会社ごとに別々の労働組合になっています。

「日本的経営」が日本の目覚ましい発展を支えた

こうした三つの特徴が、日本の戦後の目覚ましい発展を支えてきたとされています。

終身雇用ですと、「いつクビになるかも知れない」と心配することなく仕事に打ち込めます。自分が所属する会社と一体感を持つことができます。たとえ給料は安くても、安心して働けますから、「会社のためなら」と、身を粉《こ》にして働く気持ちになれるというわけです。

また、年功序列は、企業に長くいればいるほどランクが上がり、給料も増えます。愛社精神が生まれるというものでしょう。

企業別組合も、日本の産業の発展に役立ちました。欧米のような「産業別組合」ですと、同業他社の労働組合員との連帯感が強くなり、自分の職種を守ったり給料を引き上げたりするためには、一斉にストライキに入ることがあります。しかし、従業員がストライキをしばしば行うようでは、その会社の生産性は落ちてしまいます。

その点、日本の労働組合のような企業別ですと、A社の労働組合がストライキをすると、その間にB社の商品が売れてしまい、A社の経営が苦しくなる恐れがありますから、A社の労働組合は、ストライキのような戦術はとらず、もっと穏やかな方法で経営者側と交渉するということになります。労働組合が、経営者側と決定的な対立にはなりにくく、労働組合の組合員も会社のためを考える、ということになります。

このように「日本的経営」は、社員が最初に就職した会社にずっと勤め、その会社に忠誠心を誓う構造になっているのです。また、会社の経営者も、そうした社員に報いることを考え、会社がまるでひとつの家族のようなものになっていました。

発明対価は誰のもの？

液晶パネルから町のイルミネーションまで、今では当たり前のようにさまざまなところで応用されている青色ＬＥＤ。電圧をかけると青色の光を発することの半導体素子は、一九九三年に当時日亜化学工業に在籍していた中村修二さんが開発したものです。

色の三原色である赤・緑・青のうち、当時は、青の開発が最も困難とされていましたから、これは大変な発明でした。日亜化学工業に莫大な利益をもたらしました。

ところが、中村さんに支払われた発明報酬は、わずか二万円。そんな会社に失望したのか、退職して米カリフォルニア大学サンタバーバラ校の教授に転身しました。その四年後の二〇〇四年、中村さんは日亜化学工業に対し、発明の対価の一部として二百億円の支払いを求める訴訟を起こしました。アメリカの大学に移ったら、「発明の対価が安すぎる」と言われ、権利意識に目覚めたようです。

東京地裁は一審で発明の対価を約六百四億三千万円と査定。中村さんの請求通り支払うように日亜化学工業に命じましたが、控訴審を経て両者の間で和解が成立しました。金額は発明対価六億八百五十七万円プラス遅延損害金二億三千五百三十四万円で、計八億四千三百九十一万円。二百億円を大きく下回りましたが、発明対価をめぐる訴訟としては世界最高額と言われています。

かなり特殊な例ではありますが、この金額には驚いた人が多かったようです。会社と開発メンバーの間に、俗に言う〝出来高払い〟のような取り決めがあれば、トラブルは避けられたのかもしれませんが、それまでは、社員の発明の成果は企業に属するのが常識と思われてきたのです。ですが、権利意識の高まりの中で、社員が苦労して開発したのに利益はすべて会社が独り占め、というのでは報われないと考える社員が出るようになったのです。

中村さんは和解後、「職務発明の譲渡対価問題のバトンを後続のランナーに引き継ぎ、本来の研究開発の世界に戻ります」とコメントしました。社員の発明に、どのような対価を払えばいいのか。企業の今後の課題のひとつです。

「隠蔽体質」改善が急務

このところ相次ぐ企業スキャンダルに、国民の多くはウンザリしているのではないでしょうか。それが「日本的経営の特徴」とまでは言いませんが、「日本企業には都合の悪いことは隠す『隠蔽体質』がある」と言われてもしょうがないような状況です。

とりわけ深刻なのは、日本の「ものづくり神話」を根底から揺るがしかねない、一連のデータ改ざん問題でしょう。

例えば二〇一八年十月、大手油圧機器メーカーのＫＹＢおよびその子会社カヤバシステムマシナリーによる、免震制振オイルダンパーの検査データ改ざん問題が発覚しました。

ダンパーの内部にはオイルが充填《じゅうてん》されていて、建物全体の揺れを緩和する役割を持ちます。度重なる大地震を契機に、既存建物の耐震性を確保すること、もしくは新築の高層建物の免震性を高めることを目的に、多くの建物に設置されるようになりました。

このダンパーは、個々の建物の構造や性能、土地の状況などによって、適合したものを設置しなければなりません。国が認定する基準値というものがあるのです。ところが今回、この基準値に適合しないダンパーが大量に出荷されていたことが、内部告発により発覚したのです。

KYBの発表によると、二〇〇三年一月から二〇一八年九月までの間に、計九百八十六件もの不正（内九百三件が免震ダンパー、八十三件が制振ダンパー）が見つかったといいます。

建物の耐震性に関連する問題は、過去にも頻発しています。二〇〇五年には建築士による建物構造計算書が書き換えられるという問題が起こりました。また二〇一五年には、横浜の大規模マンションで杭打ちデータ偽装問題と、東洋ゴム工業による免震ゴムデータ不正の問題が立て続けに起きています。

それ以外にも、非鉄金属大手の三菱マテリアルや神戸製鋼所、東レハイブリッドコードなどで、品質データを改ざんする問題が発覚しています。そこには「長年見て見ぬフリをしてきた」というような、企業風土が疑われる問題もはらんでいます。

品質を保証し確認するデータを改ざんするなど、あってはならないこと。ものづくりの精神に反します。

もっともこういった問題が次々と発覚するということは、裏を返せば、日本企業のなかに内部告発のできる風土が少しずつ根付き始めたということかも知れません。「隠蔽体質」が早急に改善されることを願うばかりです。

【会社の経営】2

「成果主義」は、成果を上げたのか？

ひところ、よく耳にした「成果主義」。
日本の給与体系に導入された
新たな基準だったようだが、
なぜ「成果主義」は導入されたのか？
また「成果主義」によって、日本のサラリーマンたちは
やる気を起こし、本当に成果を
上げることができたのだろうか？

日本の給与体系はうまく機能していたのか？

この「日本的経営」も、日本経済が長い不況に入るようになると、批判されるようになってきました。

「終身雇用制度」は「会社に入りさえすれば、あとは大して働かなくても一生給料がもらえる」ということにつながります。しかも「年功序列制度」によって、「大して働かなくても給料は上がる」ということになります。大企業だったら、どこの会社にも、こうした社員が生まれるものです。景気がよかった頃は、こうした社員がいても目をつぶることができましたが、会社の経営が厳しくなってくると、「こんな社員は辞めさせたい。辞めさせられなくても、少なくとも高い給料はやる必要はない」と考える経営者が増えてきました。こうした経営者が飛びついたのが、アメリカ式の「成果主義」でした。

一生懸命働いて成果を上げた人にはたくさん給料をあげましょう、そうでない人には少なくしましょう、という方針です。あるいは、わざと差をつけ、同期入社の社員でも、人によって年収で何十万円もの差をつけたりします。それによって、社員の競争意識を高め、働く意欲を盛り立てようとしました。

しかし、これは、意外とうまくいっていない例が多いようです。皆が納得するような働き方の客観的なものさしがなかなか見つからないという課題があるからです。

例えば、自動車のセールスマンなら、月に何台の自動車を売ったか、という数字で仕事ぶりが評価できます。誰もが納得する客観的なデータがあるのですね。

でも、会社の中にいて書類仕事に追われている人を、ほかの人とどう比較すればいいのか。あるいは、その人がたまたま在籍している職場は実績を上げているので、大して働いていない人にも多額のボーナスが支給されるかも知れません。反対に、その人は一生懸命働いていても、職場自体の評価が低いと、その人のボーナスも低くなってしまうかも知れません。誰もが納得する客観的なものさしが見つけにくい職場はたくさんあるのです。

日本のビジネスパーソンの多くは、みんな自分なりに「一生懸命働いている」という気持ちでがんばっています。そこに同期同士でも大きな差がついてしまったりすると、「何で同期のAさんとあんなに差がつくんだろう?」というような余計なストレスが溜《た》まったりします。また、自分の会社での成果が低いと、それに伴って評価が低くなり、給料もどんどん下がってきます。そうなると、「自分はいつかクビになるかも知れない」と不安になったりします。

それでは、仕事以外の余計なことに気がとられて、やる気が高まるどころか、逆に安心して仕事に取り組めなくなってしまいます。

「働かなくともお金がもらえます」ということを続けていくと、会社全体のモラルが下がってしまうのは当然でしょう。そこで、「一生懸命働いて成果をあげた人にはそれなりに報いましょう」という仕組みは必要になります。しかし、あまりにそれを徹底してしまうと、かえってマイナスが出てきてしまうところがむずかしいのです。

「長くこの会社にいられるんだ」、あるいは「一生懸命ちゃんと働いていれば、会社にいられるんだ」という安心感をどこかで感じられるようになっていないと、人はのびのびと働けないのです。

「人はなんのために働くのか？」と聞かれたら、「お金のため」と答える人は意外に少ないはずです。「自分の好きな仕事だから」「仕事が楽しいから」「自分が好きな会社だから」「会社に愛着があるから」。そういう思いがあるから、一生懸命働けるのだと思います。日本の会社というのは、給料だけでその人に報いているわけではないのです。

一生懸命働いた人は、次の転勤でいいところへ異動させたり、あるいは会社の中で大事な地位に就《つ》かせたり、また本人の希望をなるべく汲《く》み入れるなどの方法は、どこでも行われています。異動で報いたり、大事な仕事を任せることで会社が評価していることを知らせるなど、給料以外で報われる部分がたくさんあるのです。

その結果、仕事のできる人は重要なポストに就き、そうでもない人はそこまでたどり着けず、給料に差がつく。日本的経営による社員の評価は、それなりにうまく機能していたのです。

成果主義は見直しの時期にきている

いわゆる「成果主義」というのは、社員に対して給料の多い少ないで報いる、という仕組みです。わざと給料の差をつけて、社員の競争心に火をつけ、能力を引き出そうという目的があります。同時に、評価の低い社員の給料を引き下げたり据《す》え置いたりすることで、全体としての人件費を下げたいという狙いもあります。

そのためには、同期のAさん、Bさんでも無理矢理差をつけて査定し、評価しなくてはいけません。しかし、「差をつける」ということが実はとてもむずかしい。そもそも評価する人に評価する能力が本当にあるのか、という新たな問題も出てきます。

単に数字だけで評価できる営業部門ならともかく、事務部門の人はどうなりますか？　人事部は？　総務部は？

仕事の成果が目に見える形で現れない部署の場合は、ストレートに評価できない部分がたくさんあります。

無理やり評価をしようとすると、評価のための評価に陥ってしまうということになりかねません。AさんもBさんも同じくらいの仕事をしているのに、どうして差をつけなくてはいけないのでしょうか。とはいえ、みんなが同じランクだと成果主義の意味はなくなってしまいます。そのバランスのとり方がとてもむずかしくて、どの企業も悩んでいるのです。

成果主義は、見直しの時期にきているのです。

考えなければいけないのは、「成果主義」という「主義」にこりかたまるのではなく、「成果を重視した給与制度」「成果を重視した人事制度」をどう作り直すのか、ということだと思います。

アメリカの大企業の多くは終身雇用だ

では、「成果主義の本家」アメリカのビジネス社会では、成果主義はうまくいっているのでしょうか？　実はむき出しの成果主義というのは、それほどあるわけではないのです。

もちろん、ニューヨークの金融街で働くディーラーなど、会社に儲けさせた金額の一〇パーセントを成功報酬として受け取るなど、成果主義が徹底しているところもあります。会社に儲けをもたらさなければ、すぐにクビになってしまう会社もあります。

しかし、アメリカでもいわゆる伝統的な古い大企業では意外に終身雇用だったりするのです。経営陣に入るような**ホワイトカラー**[*12]のほんの一部の人たちについては、かなり徹底した成果主義ですが、工場で働いているような人たちは、「会社に入ったときからずっとその会社に働き続けて、定年までいます」、「この会社で一生過ごしました」という人がけっこうたくさんいます。

アメリカのそういう部分が、あまり知られていないことや、日本からアメリカへ経営を学びに行った人が、アメリカでは本当に仕事ができる人がものすごい給料をもらっているというような一面を見て、「これなら仕事のできる人はモチベーションが上がっていいだろう」という発想を持ってしまい、日本的経営の本質をよくわからないまま、成果主義を導入してしまった、という側面があるのです。

ニューヨークの一部の経営層とだけつきあっていたりすると、全てが成果主義だと思い込んでしまいますが、実際はそうではないのです。

アメリカでも、良い会社といわれている大企業、長い歴史と伝統を大事にしている会社には、社員のほとんどがずっとその会社に勤め、会社への愛着を持ち、その会社に骨を埋める気持ちで働いている人がたくさんいるのです。

ひとことコラム 知っておきたい用語解説

★＊12　ホワイトカラー　筋肉労働者に対して、白い襟の服を着て事務所で働く人を指す。サラリーマン。これに対して、筋肉労働者をブルーカラーという。ブルーの作業着を着ていることが多いので、この名前がついた。

［会社の経営］3

会社のあり方が問われている

会社で一番偉いのは株主。
その株主に対して、
経営者はどのような義務があるのだろうか？
また株主は会社に何を求めているのだろう？
株主総会ではいったいどういうことが
行われているのだろう？

不祥事への対応で会社の本質が明らかになる

三菱自動車のリコール隠し、オリンパスの損失隠し、東芝の粉飾決算、DeNAの運営するまとめサイトで発覚した著作権無視の転用など、企業不祥事が後を絶ちません。食品の産地偽装や成分偽装、「看板に偽りあり」の宣伝文句などに至っては、もうイヤになるくらい頻発しています。叩かれても、叩かれても、雨後の竹の子のごとく不正が発覚しているのが現状です。

会社は株主だけではなくお客さま、社会に対していつでもちゃんと公明正大にやっています、ということを示す使命があるのに、そこが、いつしかないがしろにされてきたのです。

会社の長い歴史をみると、人間の組織である以上、不祥事は必ず起きます。それが有名な会社だったり、大企業だったりすると、大きく報道されます。これは仕方のないことです。起きたことは仕方がありません。問題はその先です。不祥事が起きたときに、会社としてきちんとそれに対応できるのか。真正面から取り組んで、いけないことはいけないこととして、今後どうすればそういうことが起きなくなるのかという改善策をきちんと打ち出せるかどうか。

また、不祥事を変に隠そうとしないで、きちんと社内でオープンにする。さらには、お客さまに影響があることであれば、しっかり公開する。さらに、その問題について、どういうふうに対処すべきか、しっかり議論することです。

これは組織としての問題なのか？　それとも一個人の問題なのか？　未然に防ぐことはできなかったのか？　見破ることはできなかったのか？　どこに、何が問題であったのかをちゃんと分析して、それをきちっとみんなに明らかにする、公開する。そういう対応ができるかどうかが、実は一番大事な問題だろうと思います。不祥事に対する会社の対応の仕方には会社の姿勢、誠実さ、性格、決断力、全てが表れます。

不祥事が起きないシステムを構築すること。あるいは、不祥事が明らかになったら、もみ消すことなく直《ただ》ちにオープンにして、関係者を厳正に処分し、上司の責任を明確にすることが求められます。

会社の上司や経営幹部にしてみれば、自分が起こした不祥事ではない、という思いがあることでしょう。でも、経営幹部というのは、そういうときに自ら責任をとるために存在しているのです。それを忘れてはいけません。

かつて、金融機関を舞台に総会屋の問題が明るみに出ました。このとき、総会屋に利益提供をしていたことがわかった当時の第一勧業銀行をはじめ多くの企業が、総会屋など闇の勢力と縁を切るために大変な努力をしました。その結果、多くの企業が身ぎれいになりました。

にもかかわらず、そのあとも総会屋に利益提供をしていて摘発された西武鉄道のような例もあります。西武鉄道の総会屋事件をきっかけに、西武鉄道のいびつな株の処理が判明し、やがて西武鉄道の親会社のコクドの堤義明元会長逮捕へとつながりました。

不祥事が起きたときに、その会社がどんな会社なのか、その本質が明らかになります。

ほかの会社で問題が起きたときに、それを他山の石として自らの問題に取り組めるのかどうか、これが大切なことだと思います。

ひとことコラム　総会屋

★株式会社の株主総会を舞台に資金をかせごうとするので、「総会屋」と呼ばれます。日本の企業経営者の多くは、株主総会を平穏のうちに短時間で切り抜けたいと考えています。そこにつけこんで、ごく少数の株を保有して株主となり、「株主総会で会社の不祥事を暴露して混乱させるぞ。それが嫌なら資金を出せ」という形で企業を脅かすのが総会屋です。

あるいは、総会屋同士が連絡を取り合い、「ほかの総会屋を押さえ込んで総会を平穏に終わらせます」と約束して資金を受け取る総会屋もいます。

株主あっての株式会社だと考えれば、株主総会がいくら長時間かかろうが、株主の質問に誠実に答える責任が経営者にはあるはずです。総会屋に頼んで株主総会を短時間に終わらせようとすること自体、株主軽視なのです。また、会社の不祥事は、さっさとオープンにしていれば、総会屋のつけ入る隙はないはずです。企業に隠蔽《いんぺい》体質があることも、総会屋が商売できる土壌を育ててきました。

「説明責任」と「透明性」が求められている

もし、あなたが上司から「総会屋対策として、総会屋に金をやってくれ」と言われたときに、断ることができるでしょうか？　これは意外にむずかしいものです。みんなが共犯者になってしまって、「法律に反することは、私はできません」とは言えない、という雰囲気があるものです。これまで多くの社員が、悪いこととは知りながら、犯罪に手を染めてきました。こういう会社の犯罪は、罪を犯した社員個人の私利私欲のためではないのですね。「会社のため」という大義名分があります。このため、やってしまうのです。

しかし、それでいいのでしょうか。「許せないことは許せない、できないことはできません」と貫けるかどうか。これが問題です。そのときは社内の関係者から白眼視《はくがんし》され、左遷《させん》させられるかも知れません。でも、その後、十数年経って、定年退職を迎えるときに、「ああ、いい会社人生だったねぇ」と思えるか思えないかの分かれ目になるだろうと思います。

会社員である前に一人の人間であるということ、またあるいは社会の中の社会的存在であることを常に意識してほしいと思うのです。会社も社員も、社会的存在である以上、会社より社会のルールのほうが優先します。

しかし、往々にして会社の中にいると、会社のルールを優先させてしまいがちです。最近「コンプライアンスを重視していきます」なんていう発言を聞いたことがありませんか？　あるいはあなたの会社に「コンプライアンス部」という部署ができていませんか？「コンプライアンス」とは、わざわざむずかしい言葉を使っていますが、要するに「法令遵守《じゅんしゅ》」という意味です。つまり「法律を守りましょう」ということ。「コンプライアンスを重視した経営」というのは、「法律を守ることを重視した経営」という意味になります。

よく考えてみると、とてもヘンですね。法律を守ることは当たり前のことであり、それをわざわざ「法律を守ることを重視します」と言っているのですから。これまで法律を守ろうとしていなかったのかな、と思いたくなります。

会社として法律違反をしたり、社員が会社のために法を犯したりすると、いまや会社の存続にかかわる時代となりました。説明責任と透明性が、現代の企業には、強く求められています。

要は、いつでもちゃんと公明正大にやっていますと言えるか、ということなのです。

【会社の経営】4

優れた経営者とは、どんな人なのか？

かつては「カリスマ経営者」と呼ばれた人たちが、
不祥事や経営不振の責任をとる形で、
次々と退任に追い込まれている。
優れた経営者とは、いったいどんな経営者なのだろう？
また、今、どんなリーダーが求められているのだろうか？

良い指導者、悪い指導者

中国の老子の言葉に、「悪い指導者はあの人の言うとおりにしなければいけないとみんながびくびくしている、普通の指導者はあの人の言うとおりにやっていれば間違いないと思わせる、良い指導者は自分たちがやったからうまくいったんだと思わせる」というものがあります。

つまり、本当にいい経営者というのは、社員が自分たちがやったからうまくいったんだと思わせているということです。社員一人一人にやる気があって、あの人に言われたからうまくいったわけじゃない、自分たちがやったからうまくいったんだ、この成功は自分たちが作ったんだと思っている会社は、そういうふうに社員に思わせる指導者がいるということなのです。

「あの指導者はいい指導者だ。あの人がいるから、うちの会社はうまくいっている」という会社はまだまだ、ということです。

社員みんなが「俺たち、私たちがやったからだ」と思えるようにする。そういう組織を作っていくことが、本当の経営者なのです。

「経営」とは、「自分たちがやったんだよ」「自分がやった」、そういう気にさせるように誘導するということなのです。

優れた指導者とは、どんな人なのか？

良い指導者

●社員が「自分たちがやったんだ」と思える組織作りができている会社

●会社に寄りかからず、自立して、いろんな分野で活躍できる人を輩出する会社

●優れた指導者がいなくなっても、ちゃんと後を担う人がいる会社

悪い指導者

●「会社の頭脳はオレ一人でいい」という経営方針のもとでは上司の指示がなければ、自分では何も判断できない組織体質になってしまう

●あるカリスマ社長がいて、「その人がいなくなったら、この会社はどうなるかわからない」ということでは、本当の意味での優れた経営者とは言えない。

「余人《よじん》を以《もっ》て代《か》え難《がた》い」では会社はダメになる

最近、株式市場に上場している会社は、企業の中身などいろんなことを株主にきちんと説明することがますます求められています。「うちの会社はこういう会社で、こういう仕事をしています。今後、こういう経営方針で、これだけの利益を出す計画です。だからぜひ株主になってください」と説明します。

その一方で、「こういうリスクもあります」と、リスクもちゃんと出さなければいけません。そのリスク開示の中で面白い例が一つあります。

日本電産という急成長を遂げた会社があります。日本電産には永守重信《ながもりしげのぶ》というとても優れた経営者、いわばカリスマ経営者がいますが、この会社は永守さんのワンマン経営で成り立っているような会社です。日本電産は、株主に向けての説明の中で、会社が持っているリスクの一つとして、「社長にもしものことがあったとき」をあげました。これは、「社長にもしものことがあったら、我が社は危ないのです。社長がリスク要因です」ということです。

確かに優れた指導者がいる会社は、優れた会社になります。しかし、あるカリスマ社長がいて、その人がいなくなったらこの会社はどうなるかわからない、ということではダメなのです。それはとてもむずかしいことですが、本当の意味での優れた社長とは言えません。この人がいなくなってもやっていける、という仕組みにしているかどうか、そこまでして初めてその会社の経営者は本当の意味で優れた経営者だ、と言えるのです。

よく人をおだてるときに「余人《よじん》を以《もっ》て代《か》え難《がた》い」という言葉を使います。「いやぁ、君に去られちゃうと困る。余人を以て代え難いから、君がやってくださ い」などと使いますが、「余人を以て代え難い」、その人がいないと成り立たないという会社は、本当の会社ではないのです。その人はいなくなっても、ちゃんとやっていけるようなレールを敷いておくのが、本当の経営者なのです。

例えば、かつて西武百貨店に、堤清二という大変優れた経営者がいました。この経営者によって、池袋東口にあった小さな百貨店は、巨大なセゾングループにまで発展しました。それは、堤という天才的な経営者がいたからです。しかし、「余人を以て代え難い」、その人がいないとやっていけない状態になってしまっていました。そのことが、結局はセゾングループの危機をもたらしました。セゾングループは、カリスマ経営者のもとを離れ、それぞれの企業が独立独歩の道を歩み始めたことで、経営再建を果たすことができました。

西武鉄道グループに長く君臨した堤義明という人物は、堤清二氏と異母兄弟でした。兄弟仲が悪かったのですが、この堤義明氏も、「会社の頭脳はオレひとりでいい。ほかの者はオレの言うとおりにやっていればいい」という経営方針でした。その結果、社員も経営幹部も、ひたすら会社トップだけを見ていました。自分で何も決められず、プリンスホテルの室内の備品一つ一つについて、堤義明氏の判断を仰ぐ体質になっていました。

また、ダイエーにも中内切《なかうちいさお》という優れた経営者がいました。しかし、この人がいないとやっていけないような会社の体質を作り上げてしまいました。こうなると、中内切《いさお》氏の方針が時代に合わなくなったとき、会社の方針転換を助言する経営陣は存在しませんでした。

彼らカリスマ経営者に特徴的なのは、一つは「しっかりしたナンバー2がいなかった」ということでしょう。ホンダの本田宗一郎《ほんだそういちろう》さんには藤沢武夫《ふじさわたけお》さん、ソニーの井深大《いぶかまさる》さんには盛田昭夫《もりたあきお》さんがいて会社が発展したように、いかに天才肌のカリスマ経営者といえども、その人を支えるナンバー2がいなければ会社は危うくなってしまうのです。

最近の例で言うなら、ユニクロの柳井正《やないただし》社長は一度引退を宣言しましたが、「グローバル企業に育てるためにはまだまだ自分がやらなくては」と社長に返り咲きました。このことは、後継者が育っていないことの裏返し、とも考えられます。今は絶好調だからいいとして、今後が心配だと言わざるを得ません。

また、カリスマ経営者に限らず、経営者の中には、後継者に自分より優秀な人を選ばない人がいる傾向があります。そのほうが、社長を引退した後も社員から「あなたの社長の時代は良かったですね。それに引きかえ……」という感じで持ち上げてもらえるし、会社に対して強い影響力を持ち続けることも可能です。

でも、そうやって自分より能力の劣る人を後継者にすることを続けていくと、会社はどんどん弱体化してしまいます。

また、会社の創業者でオーナーが、長男に譲るのも考えものですね。本当に優秀ならいいけれど、そうでもない場合も少なくありません。だいたい後継者を長男にする人は、「長男だから譲ったのではない。最適な後継者がたまたま長男だっただけです」といった言い方をしますが、身びいきがないとは言い切れません。

その意味では、江戸時代の商店で「息子がいないから、優秀な番頭を娘婿にして後を継がせる」という方法のほうが、公正な後継者選びと言えます。あれは実は、見事な「会社を存続させるシステム」だったのですね。

大事なのは、企業の後継者選びを社長本人に任せないこと。会社という大きな組織のなかでは、個人の主観的な思いで選ぶのではなく、社外取締役の意見や知恵を取り入れて、取締役会が客観的に選んでいく仕組みを持ったほうがいいのです。

自立しても活躍できる人を生み出す会社

リクルートという会社は、**江《え》副《ぞえ》浩《ひろ》正《まさ》**[*13]という天才的な経営者が作り上げました。しかし、政治家や中央省庁の官僚にワイロを贈ったというリクルート事件で江副氏が退陣しても、リクルートグループは発展しています。それだけではなく、リクルートからは、さまざまな人材を輩出しています。それは、ちゃんと後を担う人がいたからなのです。

リクルートを辞めて別の世界で活躍する人が多いというのは、大変不思議ですが、それだけの人材を育てることができる組織になっているということです。ＮＴＴドコモのｉモードを開発し、その後バンダイの社外取締役になった松永真理さん、杉並区立の中学校校長になった藤原和博さんなどというユニークな人もリクルートの出身です。

社員が「自分たちがやったんだ」と思える組織作りができている会社。

優れた指導者がいなくなっても、ちゃんと後を担う人がいる会社。

会社に寄りかからず、いつでも自立して、いろんな分野で活躍できる人を輩出する会社。とてもむずかしいことですが、そんな組織を作り出せる経営者が本当の意味でのいい経営者だということです。

●ひとことコラム●知っておきたい用語解説

★＊13　江副浩正　１９６３年、大阪府生まれ。リクルート社の創業者、元会長。政治家や官僚がかかわった贈収賄事件「リクルート事件」で起訴され、有罪に。２０１３年死去。

第4章

［雇用］

会社とそこで働く社員の間には
どんな契約や規則があるのだろう？

雇用 1

「就職」とは、どういうことか？

長い就職活動の苦労の末、
やっとつかんだ「内定」。
これで晴れて四月から憧れの会社の社員になれる。
でも、いったい「就職」ってどういうことなんだろうか？
「就職」することは、会社とどんな関係になることなのか？
会社と会社で働く自分との関係について、もう一度考えてみよう。

「就職」は会社との契約だ

今、会社で働いているあなた。忘れているかも知れませんが、会社に入るときに誓約書を書きましたよね。その内容は会社によってさまざまですが、「会社の就業規則を守り、誠実に業務に努めます」というようなものではなかったですか？

会社に「就職する」ということは、ある一定の条件のもと、会社と契約を結ぶということです。正社員じゃなくとも、パートだって同じことです。

会社と人は「この時間、ここで会社の規則を守って働きます。会社はそれに対していくら払いますよ」という契約で一人一人が結ばれているのです。

それでは、その契約は誰と結んでいるのでしょうか？ 社長？ 部長？ 課長？ それとも直属の上司？

1章（21ページ）でもお話ししましたが、会社は法律上の人、「法人」です。会社で働く人たち一人一人は、法律的にはまるで人間のような存在である会社のために働きます、という契約を結ぶのです。

社長のために働くわけでも、部長のために働くわけでもありません。社員になるということは、一定の条件のもと、会社のために働きますという契約を交わし、その後は会社の利益を追求するために一生懸命働く、ということなのです。

社員には契約を守る義務がある

契約を結んだ以上、その契約にはさまざまな規則があります。その規則は守らなければいけませんし、守らなければ当然何らかの形で懲戒《ちょうかい》処分を受けます。それは訓戒（要するにお叱り）であったり、一定期間給料を減らされたり、一か月の出勤停止だったり、会社によって違いますが、訓戒などの処分を受けた場合、人事部の記録に残り、その後の出世に不利になるなどの悪影響が出ます。

さらに、場合によっては退職せざるを得ないこともありますね。

退職にも、さまざまな形態があります。「懲戒免職」という言葉をよく聞くことがあると思います。これは、「直ちに辞めろ。退職金は出してやらない」という処分です。その会社に長年勤め、もう少しで定年退職という人がこの処分を受けると、それまでの実績に応じて受け取れるはずの退職金が幻になってしまうという厳しいものです。会社員にとっては、言ってみれば死刑判決のようなものでしょうか。

もしその処分の理由が、会社の資金の使い込みだったりすると、会社を懲戒免職させられた上、さらに警察に告訴され、逮捕されることもあり得ます。

これに対して、「諭旨免職《ゆしめんしょく》」というのもあります。こちらも、自分の意思に反して辞めさせられるのですが、退職金は出るものです。「辞めてもらうけど、極端に悪質というわけではないから、まあ罪をちょっと軽くしてあげる（こういうことを昔風に言うと、『罪一等を減じる』と表現します）」ということです。

このように、会社の規則違反に関する懲戒処分はレベルに応じていろいろあります。これらは就職したときにあなたと会社が「こういう規則を守って働きます」という契約を結んでいるのですから、違反した際に処分を受けるのは当然のことです。

逆に言えば、就業規則を守って働いていれば、社員は会社に対する義務を果たしている、ということになります。

仕事が終わったら、さっさと帰ろう

会社に入ると、いくら会社と交わした契約があるからといっても、いろいろと気を遣ってしまう部分もあります。勤務時間もその一例です。自分の仕事は終わったんだけど、上司が残っているからなんとなく帰りづらい、ということはよくあるのではないでしょうか。それでは、ちょっと考え方を変えてみるとどうでしょう。

自分は今日の仕事がちゃんと終わった。それ以上残っていても何の意味もない。でも上司が残っているから、なんとなく残って、結局遅い時間にタイムカードを押す。ここには残業代が発生します。あまり意味のある時間を過ごしたわけでもないのに残業代だけ受け取る。これでは働いてもいないし、会社のためにもなりませんね。仕事が終わったら、さっさと帰る！　タイムカードをガチャンと押して、帰ってしまえばいいのです。それが、結局は会社のためでもあるし、自分のためにもなるのです。

それに、上司が残っているので上司に気兼ねして、つまり上司にゴマをすって残り、それで残業代を稼ぐなんて、まるで会社の寄生虫みたいではありませんか？

それに、上司が残っているから残らざるを得ない、なんていう会社は、往々にして残業代がつかない場合が多いですね。結局サービス残業になってしまいます。だけど、自分の時間は明らかに会社に拘束されています。何時間か、自分の貴重な時間を拘束されて、それなのにその対価としてのお金が出ない。これは、会社のほうの契約違反です。その時間を自分の時間にすれば、もっと楽しい実のある時間だったはずなのに、それができない。

会社の社風として、上司が残っている以上、部下も全員残っている。

残っているけど、仕方なく何か仕事をしているふりをしている。

こんな会社に、あなたのこれからの長い人生を捧げたいと思いますか?

あなたがまったくの新人だったら、とりあえず先輩がいる間、「今日はもういいよ」と言われるまでは帰らない、というのは、人間関係や礼儀の上で必要なこともあります。

しかし、まったく無駄な時間を過ごすような必要はないと私は思います。仕事が終わったら、さっさと会社を出て、デートしてもいいし、映画を見に行ってもいいし、飲みに行ってもいいし、あるいは語学学校に通って自分自身に投資してもいい。

外で飲み歩くことについても、いろんな考え方ができます。

例えば、社内の仲間とばかり飲み歩くというのは、いかがなものかなあ、と私は思います。もちろん、職場の仲間と一緒に苦労した仕事が一段落したとき、打ち上げで飲みに行くのは、とてもいいことでしょう。みんなの努力を称《たた》えあい、連帯感を深めることができますし、反省すべき点を確認することもできます。

でも、それ以外のときも、ズルズルと意味のない残業をし、そのまま連れ立って飲みに行く、というのは無駄なことだと思います。そういう酒の席で出る話題と言えば、上司の悪口と同僚の噂話、人事異動の予想。無駄な時間だとは思いませんか。

それならば、もっと有意義なことに使いましょう。同じ酒を飲むのでも、学校時代の友人だと、話は別です。友人は、まったく違う職種に就いていること でしょう。そこでほかの業種の仕事を聞くことは、自分の視野を広めるのに役立ちます。あるいは、仕事で知り合った他社の人と意見交換できる場を設定するのも有意義ですよね。

そうやって社外の人とつきあうことによって、仕事に役立ついろんなアイデアが浮かぶものです。夜の街を歩き回るだけでも仕事のヒントになることはいくらでもあります。ただ意味もなく同じ社の仲間と長時間を過ごすことは無駄なことなのです。

でも、上司や同じ仲間からの誘いを断るようなことをすると、「あいつはつきあいが悪い」と言われて出世に響くのではないか、と心配する人もいるかも知れません。

しかし、そんなことまでして得た出世ってなんだろう？ と私は疑問に感じます。長い人生の中で、その出世のためだけにどれだけ自分の時間を無駄にするのか。その分の給料がもらえるならまだ納得できるかも知れません。ただ残念なことに、そうじゃない場合がほとんどですよね。

長い仕事生活を振り返ったとき、「あー自分はなんて時間を無駄にしてしまったんだろう」と後悔しないように。長い仕事人生をトータルで見て、とてつもないマイナスにならないように、仕事が終わったらさっさと帰りましょう。

サービス残業は会社側が義務を怠っている

最後にもう一つ。いい会社の選び方として、残業代がきちんと出る、という点も大事なことです。

残業したんだから残業代が出るのは本来当たり前のこと。でも、残業した分がきちんと支払われる会社というのは、意外に少ないものなのです。だから、「残業代がきちんと出る会社」は、いい会社なのです。サービス残業（つまり残業代が出ない残業）をしたら、むしろ叱られるような会社、こういう会社がいい会社です。

「会社の人を見ると、その会社が見える」という話をしましたが、社員の一人一人がいい人でも、会社の中でストレスが溜《た》まっていると、どうしてもイライラしたりして、嫌な感じを受けることがあります。

その会社の人に会うと、どこかみんな明るくのびのびしている。それは、きっと会社の居心地がいいからです。会社の人たちを見ると、それがとてもよくわかります。とても優秀かも知れないけれど、イライラしてくたびれているような人たちが多い会社は、きっと居心地がよくない会社です。

社員には会社の命令に従って働かなければいけない、という義務がある一方で、会社はそこで働く人たちに対して、働いただけの処遇、給料を払わなければいけません。サービス残業をさせるような会社は、その分の義務を怠っているということになります。「うちの会社は、一生懸命働いた分は必ず社員に報いてくれる」と社員が確信していれば、その会社の雰囲気はよくなるはずです。

会社を見極める際に、そこで働いている人に聞いてみたりして、あなた自身の目で確認してみてください。

ひとことコラム ワークライフバランス

★ワーク・ライフ・バランス　work-life balance＝仕事と生活の調和。「国民一人ひとりがやりがいや充実感を持ちながら働き、仕事上の責任も果たしながら、家庭や地域活動などにおいても、人生の各段階（子育て期・中高年期）に応じた多様な生き方が選択・実現できること。

仕事のために他の私生活の多くを犠牲にすることなく、心身の健康を保ち、公私ともに豊かな生活のバランスを保つことを目指す考え。

雇用 2

「働き方改革」で何が変わるの？

二〇一九年四月一日から順次、
「働き方改革関連法案」が施行される。
しかし新社会人としては、
何のために、何がどう変わるのか、
今一つピンとこない。
「働き方改革」とは
何なのかを知りたい。

取り組みはいつごろから？

「働き方改革」という言葉自体は、かなり前からありましたが、政府の取り組みとして具体的に動き出したのは二〇一六年九月のことです。第三次安倍内閣の発足と同時に、内閣官房に「働き方改革実現推進室」が設置されたのです。

このときの基本方針では「一億総活躍社会の実現に向けた最大のチャレンジ」

と位置づけられました。具体的には、多様な働き方が可能な社会を目指し、長時間労働の是正、同一労働同一賃金の実現など、労働制度の大胆な改革を推進することが提唱されました。

それにしてもなぜ、働き方を改革しなければならないのか。その背景には「労働人口が総人口を上回るペースで減少している」という問題があります。そうすると当然、国全体の生産力が低下し、国力が衰えることは避けられません。

そこで政府は、「働き方改革」に本格的に乗り出したのです。

三つの課題

労働人口を増やすにはどうすればいいでしょう？　例えば「これまであまり労働市場に参加していなかった女性や高齢者などの働き手を増やす」とか、「出生率を上げて、将来の働き手を増やす」といった対応策が考えられます。

加えて今、重要かつ急務とされているのが、「労働生産性の向上」。つまり労働力が減少しても国全体の生産を維持できるようにすることです。これを実現するためには、三つの課題があります。

① 長時間労働の改善

日本は二〇一三年、国連から「多くの労働者が長時間労働に従事しており、過労死や精神的ハラスメントによる自殺が発生し続けていることが懸念される」と「是正勧告」を受けているほど。長時間労働の改善は、国際的に見ても非常に深刻な問題だったのです。

「モーレツ社員という考え方自体が否定される日本にしていきたい」とは安倍首相の弁。高度経済成長期の〝遺物〟として、日本人には今なお「睡眠時間を削っても働く」ことを自慢し、「超多忙なことは生産的だ」とする価値観があります。もはやそういう時代ではない、ということです。

これに関しては二〇一九（中小企業は二〇二〇）年四月一日より、時間外労働の上限規制が導入されることになりました。時間外労働は原則、月四十五時間、年三百六十時間まで。臨時的な特別な事情がある場合でも年七百二十時間、単月百時間未満（休日労働含む）とされています。

誰しも残業が減るのはうれしいでしょうけれど、それにより手取り収入が減ることには、ちょっとつらいものがあるかもしれませんね。逆に企業のほうは、人件費の内〝残業代支出〟が減る分、会社の利益が増える、といった例もあるようです。

また「短い時間で生産性を上げろ」と言われても、うまく仕事の効率を上げられない場合は、サービス残業や自宅への〝持ち帰り仕事〟を増やすことになりかねません。「時短ハラスメント」を誘発する危険があるわけです、

② 非正規・正社員の格差解消

現在、非正規で働く人は労働者全体の約四割を占めます。とくに育児や介護の負担を抱える女性や高齢者は、正社員並みに働くことは物理的に難しく、非正規という雇用形態を選ばざるをえないという現実があります。

一番の問題は、非正規の待遇が正社員の時給換算賃金の約六割にとどまること。「安く使われている」感が否めません。これを欧米並みの八割まで引き上げようという目標を掲げて、二〇二〇（中小企業は二〇二一）年四月一日より、正規雇用労働者と非正規雇用労働者の間の不合理な待遇差が禁止されることになりました。

ここには、「労働によって、同じ付加価値をもたらす人には同じ賃金を支払うべき」という考え方があります。「同一労働同一賃金」といいます。政府はこれを「働き方改革」の目玉に位置づけ、「将来的に非正規という枠組み自体をなくし、ライフステージに合わせた働き方を選べるようにする」ことを目的としています。

③ 高齢者の就労促進

高齢者の約六割が「六十五歳を超えても働きたい」と願っているそうです。ところが実際に働いている高齢者は二割ほど。労働人口が減少の一途をたどる現状にあって、高齢者の労働意欲はもっと尊重されるべきでしょう。「働き方改革」では、六五歳以降の継続雇用延長や、六十五歳までの定年延長を行う企業に対して、何らかの支援を行うことが検討されています。これには企業における再就職受入支援や高齢者の就労マッチング支援なども含まれます。

目下、大企業を中心に「働き方改革」への取り組みが始動しています。就職活動の際には、目指す企業が具体的にどのように取り組んでいるかを調べておくことをおすすめします。

〔雇用〕3

「給料」をもらうって、どういうこと？

毎月もらう給料。
給料日前は、いつも財布の中身が乏《とぼ》しくて
遊びたいのを我慢することもある。
限られた給料の中で日々のやりくりも大変。
待ち遠しい給料日。
毎月きちんと振り込まれる給料は本当にありがたい。
給料をもらうって、どういうことだろう？
改めて考えてみよう。

給料は当然の対価か？

人はなんのために働くのでしょうか？　給料のためであることには違いありませんが、それだけではありませんね。やりがいのある仕事をすることで、私たちはどこか報われているのです。

しかしそうとは言っても、給料は必要です。若いうちはやはり給料が少なく、かつかつの生活を送っている人も少なくないでしょう。欲しいものでも、自分への投資のためでも、やはりそれなりにお金はかかります。ふだんの給料は日々の生活でいっぱいいっぱい。そこで、やはりボーナスを頼りにした生活をせざるを得ません。クレジットカードで買い物をして、「ボーナス一括払い」で生活している人も多いのではないでしょうか？

それは、新入社員のうちは、ある程度仕方のないことです。新入社員は会社への貢献度が低いのですから。会社が新入社員に求めていることの一つに、「早く給料に見合った仕事をしてほしい」というものがあります。

入社したばかりの社員は、教わることが多く、まだ一人では何もできないのが実情です。企業にしてみれば、「仕事もろくにできないのに、給料を払ってやっているんだぞ」という思いがあります。

給料は、仕事の能力の対価として、本当に見合った額なのでしょうか？ここに（141ページ）多くの日本企業の給与体系の概念を図にしたものがあります。

まず、能力の部分を見てみましょう。入社したばかり、二十代の新入社員の能力はほぼゼロですね。やがて三十代、四十代になるにつれて、能力は急上昇。やがてピークを迎えます。それが、五十代半ばを過ぎると、だんだん落ちてきます。

一方、給料の部分を見ると、二十代新入社員は能力がほとんどゼロでも、初

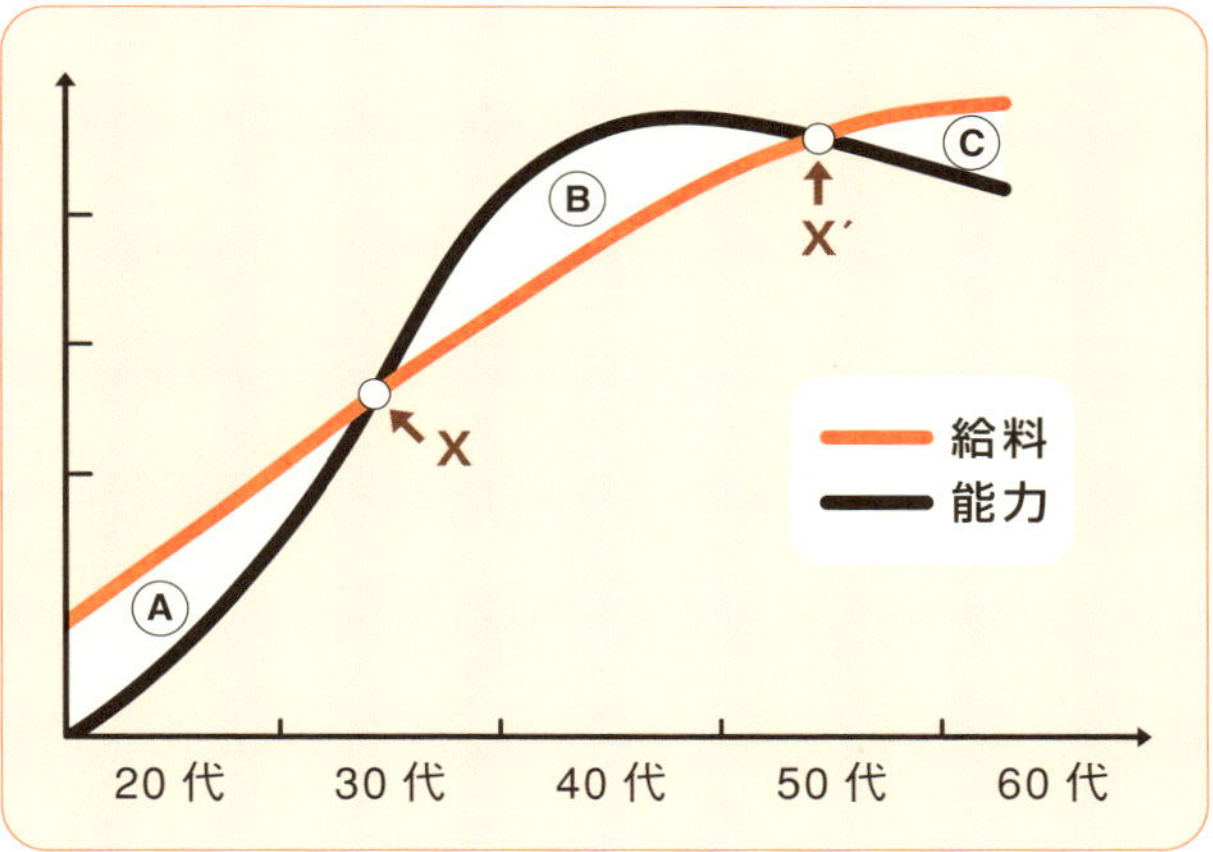

任給は二十万円を超えます。最初は、働き以上のたくさんの給料をもらうのです。やがて仕事を覚え、ベテランになるにつれて、能力と、その対価としての給料が一致するときがきます。三十代前半でしょうか。もちろん会社によって、個人によって差はありますので、この図は概念です。

その後、三十代後半から四十代にかけては、ものすごくよく働く割にはそれほどお金がもらえない時期が続きます。これがいわゆる中間管理職というもの。「上からは叩かれ、下からは突き上げられ、まったく中間管理職はツライよ」なんてセリフ。どこかで聞いたことがあるでしょう。

しかし、ビジネスパーソン生活のそんな不遇の時代もやがて、上司・部長などに昇進すれば、大して仕事はなくとも、給料はどんどん高くなる、というのがこの図からわかるでしょう。ちょうどわが子の教育費がかかる年代です。マイホームを購入して住宅ローンの支払いもあるはずです。人生の中で支出が増えるときに、給料もそれなりに増えるという仕組みになっているのです。

図のAの部分とBの部分とCの部分をトータルで差し引きして考えると、プラスマイナスゼロになります。これが、本来の給料。つまり、能力に対して見合った給料ということになります。

会社には人材を育てるという役割があります。そこで、Aの期間、新人時代には、いずれ働いて会社にとって貢献してくれるだろうという思いから給料を出します。次にBの期間。これはもう会社にとっても充分なくらい貢献しています。むしろ給料のほうが対価としては見合っていない。でもそこを乗り切ると、会社にとってあまり貢献はしていないけれども給料がいいCの期間に入る。日本の企業は会社員人生の全体を通して仕事に見合った給料を払うという仕組みになっているのです。

しかし、もはやこの旧来の仕組みではやっていけなくなりつつあります。今、日本の給与体系で見直そうと問題になっているのが、このCの部分です。

これには二通りのやり方があります。一つは給料を下げるというやり方。あるいはこれ以上は上げないというやり方。または、まだ会社に残りたいのならば給料を下げます、という形にします。もう一つは**リストラ**です。

働く人のモラルを下げない給与体系はあるのか?

日本の会社には、昔から「終身雇用」というものがあるという話を前にしましたね。しかし、実はこの終身雇用、会社の契約上、きちんと制度として存在するものではありません。一つの会社に入ったら、そこに骨を埋める覚悟で、粉骨砕身して会社に尽くす、というのが今までの日本人のあり方でした。その精神が、「終身雇用」という形で慣例となったのです。

当然、日本のサラリーマンは、長い間の慣例にのっとって、入社するときは「定年までお世話になる」という気持ちで働きます。その気持ちは、たとえ140ページの図のBの期間のように、能力に見合わない対価しかもらえなくても、「その分、いずれどこかで戻ってくるんだから、今は会社のために頑張ろう」という思いで頑張れるのです。

ところが、給与体系の見直しにより、本来取り戻せるべきCの期間の給料が急に下げられたり、その時点でリストラにあったりすると、会社人生として働きに見合った給料を受け取れないまま退職しなければならない、ということになってしまいます。これでは、「会社に裏切られた」という思いで去っていく人たちが出てきます。

そんな先輩の姿を見ると、会社の後輩たちも、「明日は我が身」とびくびく過ごさなければならなくなります。そんな状態では、それまで会社を信頼して一生懸命働いていた人たちのモラルは落ちてしまいますね。

働く人たちのモラルは目には見えないものです。そこで、手っ取り早く目に見える形で、今給料に見合った成果を上げていない人たちを切ってしまおう、というのが、最近いろんな会社が新たに考えている給与体系です。

建前としては、働きに見合っていなければ給料を引き下げられても文句が言えない部分があります。でも、社員にしてみれば、「若い頃は働きに見合った給料を払ってもらえなかったんだぞ。その分を今もらって何が悪い」という思いがあるでしょう。そんな社員の気持ちを無視した給与制度は、どこかに無理があります。やがて綻《ほころ》びが拡大するはずです。

アメリカの企業では、この職務に対して給料はいくら、と初めから明確な給料が提示されています。最初の契約時に「あなたはこの仕事をしなさい。それに対してはいくら出します」と職務分担と給料がきっちり決められているのですから、その職務をしている限りにおいては、新人だろうが五十過ぎだろうが、まったく同じ給料が支払われます。この働きに対して、見合った対価はこれだけ、という給与体制は、141ページの図で見ると、常にXの部分であるということです。

これはこれで、合理的な制度ではあります。でも、この給与体系では、給料を上げるためには、それよりもっとレベルの高い給料の高い職種に移らない限り、給料が上がらないという側面もあります。

退職金は終身雇用という慣例を生んだ一つのきっかけだ

ここで、もう一度141ページの図を見てみましょう。ふつう、会社を定年退職したときには退職金が出ますね。その退職金はどこから出るものなのか? 表のBの期間に能力に対する対価が見合わない部分の格差がありますね。実は退職金はこの部分の後払いでもあるのです。あるいは企業年金などというものもありますが、それもやはりこのBの部分の後払いの意味があります。

勤続年数によって退職金の額に大きな差があるのは、こういう理由からです。勤続三年、五年だと、本当に雀の涙程度の退職金しか出ません。だいたい十五年、二十年、二十五年という区切りで退職金の金額は上がっていきます。それは一つには、「それだけ長くいれば、多くもらえますよ」という、会社に引き止めるという狙い、あるいは会社への忠誠心を勝ち取ろうという狙いもあります。

会社は、長い間会社に忠誠を誓い、安い給料で働いてくれた社員に、退職金という後払いの仕組みで応えるのです。そうなると、社員の忠誠心はますます高まります。

働く側からすると「ずっとこの会社で働けば、退職金がもらえるんだ。長く勤めれば、それだけ退職金の額も上がるんだ」という思いから、一生懸命働くでしょう。そういう意味で退職金は働く人たちのモラルを支え、終身雇用という慣例を支える仕組みなのです。

退職金は長い間、日本のサラリーマンの働くモラルを支えてきた、とてもよい仕組みです。国もこれを認め、応援してきました。退職金にかかる税金は、給料にかかる税金よりずっと低くする、という形で。定年退職する人は、「退職金は一度に多額のお金を受け取るから、税金もきっと多いのだろうなあ」と心配しがちですが、特別な「控除《こうじょ》」があって、税金の計算のもとになる金額は、退職金そのものよりはずっと低いのです。

この仕組みを利用する会社もあります。毎月の給料では所得税が多くかかるから、給料の額は低くしておいて、退職のときにまとめて払いましょう、という方法をとるのです。これだと、国に納める税金が少なくて済み、その分、社員に多くのお金が払える、というわけです。

ひとことコラム　定期昇給とベースアップは違うもの

★給料が上がるのは、いくつもの種類があることをご存じですか。

年功序列型の企業では、毎年四月に給料が上がります。これが定期昇給です。年齢が一つ増える分だけ、給料もちょっぴり増えます、という仕組みです。

また、管理職になったりすれば、もちろん給料は上がります。

さらに、ベースアップというものもあります。これは、いわゆる「賃上げ」です。労働組合が賃上げを要求して、これが認められますと、一斉に給料が上がります。給料の「ベース」が一斉にアップするので、「ベースアップ」略してベアというのです。

四月に本来の定期昇給とベースアップの両方があれば、結構な給料アップになることもありますが、デフレが続くと、ベースアップは見送り、という会社も多くなり、四月の給料アップの楽しみが減ってしまいました。

［雇用］4

男女の雇用格差は本当になくなったのか？

同じ年次、同じ大卒でも、
男性社員が会社の中核を担う
大事な仕事をバリバリこなす一方で、
女性社員はお茶くみ・コピー取り。
給料も雲泥《うんでい》の差。
そんな時代が長く続いた末、
一九八六年から、
男女の雇用格差をなくすために、
男女雇用機会均等法は施行《しこう》され、
一九九九年に改正された。
が、女子学生の雇用枠は
明らかに男子学生より狭く、
相変わらず給与差もある。
この法律を機に男女の雇用に
どんな変化があったのか？
本当に男女の雇用差はなくなったのか？

女性が社会に進出した

学校を出るまでは男女で差別されたことがほとんどなかったのに、就職した途端、同期の男性と何かにつけて差をつけられる……。会社に就職した女性は、社会に出て初めて、「男女平等」というのは建前にすぎないのだと気づくのではないでしょうか。

同じ職場でも、女性は男性より一足早く出勤し、机の上を片付けて雑巾をかける。上司が出勤してきたら、お茶を出す。同期の男性が後から出勤してきて、「自分にもお茶を出してほしい」という顔をする。こんな会社が、まだまだあります。

それでも、「男女雇用機会均等法」ができてから、会社は随分と変わってきました。この法律が最初に施行されたのは一九八六年の四月。募集、採用、配置、昇進に関して、男女差別を禁止しましたが、最初は「事業主（会社）の努力義務」でした。つまり、会社は差別をしないように「努力」しなければならないけれど、「禁止」ではなかったのです。

これでは意味がないという批判も強く、一九九九年になってようやく男女差別が禁止されました。違反した企業は名前が公表されることになりました。

法律としては、まだまだ手ぬるいレベルですが、少なくとも「男女差別は法律違反だよ」というお墨付《すみつ》きが与えられたことで、日本の企業でも男女差別は次第に減りつつあります。むき出しの差別は姿を消したと言ってもいいかも知れません。

職場で男性の上司から、露骨な差別扱いを受けたら、「それって、法律違反ではないですか」と、やんわり言い返せる雰囲気も出ています。

「ガラスの天井」が存在する

しかし、むき出しの差別は姿を消しても、日本の企業から男女差別は完全には消えてはいません。とりわけ、管理職の数でみると、それは明らかです。二〇〇五年五月、ＮＨＫのアナウンス室長に女性アナウンサーが就任したら、新聞で大きく取り上げられました。初めてのことで、とても珍しかったからです。ＮＨＫはそれでもほかの一般企業に比べて女性管理職は多いほうで、地方の放送局長も何人か誕生していますが、それでも、これだけのニュースになります。

新入社員には女性が大勢いるのに、管理職のレベルになると、女性の姿は数えるほど。そんな会社が普通でしょう。新入社員のレベルでみると、明らかに女性のほうが優秀な人が多いのに、どうして、こんなことになるのか。そこに

「ガラスの天井」がある、とよく言われます。天井がガラスでできていれば、上がよく見えます。でも、天井に変わりはありませんから、それより上に進むことができません。つまり、一般論としては、「女性にも昇進のチャンスがありますよ」ということになっているのに、実際には天井につかえて上に昇れない様子を指すのです。

このような差別のことを、「ジェンダー・ハラスメント」と呼ぶことがあります。「ジェンダー」とは、「社会的な性」という意味です。「セクシャル・ハラスメント」の「セクシャル」のもとになる「セックス」は、「生物としての性」ですが、「ジェンダー」は、「社会的な役割分担としての性」ということになります。女性であるがゆえに会社内で昇進差別を受ける、ということです。

「セクシャル・ハラスメント」＝セクハラは、絶対にいけないことというのが企業内の常識になり、防止策をとらない会社は訴えられても仕方がないという常識が定着しましたが、「ジェンダー・ハラスメント」は、黙認されていることが多いのです。

企業経営者には、差別撤廃のために一段と努力してほしいものですが、女性たちも、「天井なんかぶち破ってやる」という意気込みで仕事をしてほしいと思います。

育児・介護休業法もあるけれど

女性の社会進出の上で、障害になるのが、出産・育児でしょう。かつては結婚しただけで、「寿退社」が当たり前の時代がありました。「女性は結婚したら家庭に入るもの」という日本社会の「常識」があったからです。さすがに今は、そんなことは言われなくなりました。「寿退社します」と申し出ようものなら、「できちゃった結婚なの？」と聞かれかねません。おっと、この発言も、セクハラになりかねませんね。

今は結婚しても働き続けるのが常識になりました。でも、いったん妊娠・出産となりますと、その間、女性は仕事を休まざるを得ません。問題は、出産後です。「育児・介護休業法」という法律があって、子どもが一歳になるまでは、男女社員のどちらでも休業できることになっています。でも、男性が育児休暇を取得すると、ニュースになりますね。とても珍しいからです。結局は、女性に育児が任されることになり、職場への復帰がむずかしくなります。

復帰するとなると、仕事に行っている間、子どもを誰がみるかという問題があります。親に頼めるのは、恵まれた人だけです。多くの人が、保育所に預けるのですが、長時間の保育をしてくれるところは、そうはありません。保育所の預かる時間が過ぎたらベビーシッターに頼む、という人もいますが、かかるベビーシッター代が、自分が働いてもらう給料と同じ、ということも珍しくありません。

こうなると、男女差別の撤廃には、個別の企業の努力だけではなく、社会全体の取り組みが必要だ、ということになります。

●ひとことコラム●「ナニー」ってどんな職業？

★近年、注目されているのが、「ナニー」という職業。保護者に代わって一時的に子どもを預かり、単なる身の回りの世話にとどまらず、しつけや勉強などの乳幼児教育も行うのが、ベビーシッターと異なる点。

イギリスには伝統的なナニー養成校があるほど。

［雇用］5

雇用形態はいろいろある？

「社会人＝会社の正社員」ではない。
雇用形態が多様化する今、
契約社員、派遣、パート、在宅ワーカーなど、
さまざまな〝働き方〟がある。
どんな雇用形態があるのか、
それぞれのメリット、デメリットは何なのかを、
知っておきたい。

おもな雇用形態

一つの会社で働いているのは、正社員だけではありません。ほかに、どういう人たちがいるのか、見ていきましょう。

・派遣労働者

人材派遣会社（派遣元）から派遣される人たちです。派遣労働者の雇い主

は人材派遣会社です。ただし、どういう仕事をするかを指示するのは、その派遣元が労働者派遣契約を結んでいる会社（派遣先）です。つまり、賃金を支払う会社と、指揮命令をする会社が異なるのです。ちょっと複雑な労働形態なので、事故やトラブルが起きたときの対処法など、派遣労働者のための細かいルールが「労働者派遣法」という法律で定められています。

・契約社員

労働契約にあらかじめ雇用期間が定められている人たちです。正社員なら自分から退職を申し出ない限り、よほどのことがなければ定年まで働くことができますが、契約社員は契約期間の満了をもって自動的に労働契約が終了します。

多くの場合、一回当たりの契約期間の上限は三年。双方の話し合いにより、半年や一年ごとに更新されるのが一般的です。

・パートタイム労働者

正社員の就労時間は一日八時間・週に四十時間くらい。それよりも就労時間が短い労働者がパートタイム労働者です。パートタイマーやアルバイトといった呼び方もあります。雇用者には、「パートタイム労働法」に基づき、公正な待遇や正社員への転換などに取り組むことが義務づけられています。

・短時間正社員

契約社員のような期間の定めがなく、就労時間は短いけれど給与や福利厚生などはフルタイムの正社員と同等、という正社員です。企業によっては、こういう働き方が制度化されています。子育て中の社員がこういう立場になることもあります。

・業務委託（請負）契約を結んで働く人

注文主から受けた仕事の完成に対して報酬が支払われるスタイル。フリーランスの人や個人事業主などが、これに相当します。基本的に労働法の保護を受けることはできません。

・家内労働者

委託を受けて、物品の製造や加工などを個人で行う人たち。事業主として扱われますが、委託者との関係が使用者と労働者の関係に似ていることから、「家内労働法」が定められています。

・在宅ワーカー

委託を受けて、パソコンなどの情報通信機器を使用してホームページの作成などを個人で行う人たち。同じく扱いは事業主ですが、委託者に対して弱い立場に置かれやすいため、委託者には「在宅ワークの適正な実施のためのガイドライン」を踏まえた対応が求められます。

以上、正社員以外のおもな雇用形態はだいたい七種類あげられます。

メリット・デメリットをよく考えよう

正社員も含めて雇用形態にはそれぞれ、メリットもあれば、デメリットもあります。

たとえば、正社員は社会保険や福利厚生制度が完備されているし、ボーナスがある、有給休暇がある、雇用期間の定めがないなど、多くのメリットがあります。生活が安定するという部分で一番でしょう。

でも、会社の命令は基本的に従わなければならないので、転勤を拒否できないし、不本意でも左遷や出向は受け入れざるをえない。残業を拒否するわけにはいかないし、有給休暇の取得がむずかしい場合もある。成果に応じた報酬が得られないことも多い。ある程度の不自由は覚悟しなければなりません。

一方、契約社員は待遇面では正社員に準じるものでありながら、正社員ほどの拘束は受けないので、ちょっとだけ自由です。転勤や残業を拒否することも可能でしょう。ただ、常に契約期限が切れたときのことを心配しなくてはならないのは、大きなデメリットです。派遣社員もそうでしょう。ひところ「派遣切り」が社会問題になったように、雇用の安定を得るのはむずかしいと言わざるをえません。

また、個人で仕事をするフリーランスは自由度は高いものの、身分の保証はまったくありません。それに、成果に応じた報酬は得られるけれど、安定的な収入は望めません。

就職先もしくは仕事を選ぶときは、こういった雇用形態によるメリット・デメリットをよく考えましょう。

ブラック企業が問題に

最近、話題になることの多い「ブラック企業」という言葉。これはひと言で言うと、従業員に対して過酷な労働を強いる会社を意味します。

二〇一三年十二月に発表された、ブラック企業の疑いがある企業への厚生労働省の立ち入り調査によると、なんと、

「全体の八二％に当たる四千百八十九の企業・事業所で、違法な時間外労働などの労働基準関係法令違反があった」

とわかりました。調査対象が、無料の電話相談やハローワークなどに寄せら

れた情報や離職率の高さなどをもとに選定した五千百十一事業所なので、違法の割合が高いのは当然ながら、それを差し引いても憂慮《ゆうりょ》すべき数字と言えます。

法令違反でもっとも多いのは「違法な時間外労働」（四三・八％）、次いで「賃金不払いの労働」（二三・九％）、「賃金・労働時間などの労働条件を明示せず」（一九・四％）となっています。業種別では、製造業、小売・卸売等の商業、運輸交通業の違反が目立ったそうです。

この調査で炙《あぶ》り出されたブラック企業は、氷山の一角とも言われます。その一方で、今は「ブラック企業」という言葉が少々安易に使われ過ぎている感じも否めないところです。

というのも、社会に出たばかりの若い人たちが、ちょっと残業が続いたり、上司からきつく叱られたりしただけで「うちの会社はブラックだ」といった言い方をする例がよく見られるからです。

お金をもらって会社で働く以上、ビジネスパーソンはみんなプロです。仕事が就業時間内に終わらなければ残業を命じられるのは当たり前のことですし、ミスをするなど、きちんとした仕事ができなければ叱られるのも当然。そのこと自体は、法律違反でも何でもありません。

では、明らかにブラックと判断できるのは、どんな会社でしょうか。

典型的なのは、いわゆる「名ばかり管理職」のような扱いをするところ。会社は管理職に対しては残業代を払う必要はありません。そこを悪用して、肩書きを管理職とし、過剰なノルマを押し付ける。それでいて、管理職としての権限は与えない。名ばかり管理職にされた社員は、自分の才覚で仕事をする面白さを与えられず、現場の平社員と同じ仕事をさせられ、しかもどんなに残業してももらえるのは若干の管理職手当だけ、という悲惨な待遇に甘んじるしかないという例があるのも事実です。そういう会社はブラックと言われてもしょうがないでしょう。

また、残業代を節約するために、どうがんばっても就業時間内に終わらない量の仕事を意図的に与えておいて、「時間内にできなかったのは君の能力の問題だから、残業代は払わない」というようなことをする企業も同様です。

こういった明らかにブラックと判断される場合もありますが、現実には「何をもってブラック企業と呼ぶか」は微妙なところです。線引きが非常にむずかしいのです。

例えば、近年急成長を続けている企業のなかには、ネットなどでブラックと噂される企業がいくつかあります。たしかに、「残業代がつかないままに連日深夜まで仕事をし、始発電車を待ってやっと帰れる毎日だ」なんて話も聞こえてきて、「やっぱり、ブラックかなぁ」と思える部分もなきにしもあらずです。

でも一方で、社長があまりにも優秀なために、社員たちに「自分だってできたのだから、君たちだってできないはずはない」というふうに、過大な要求をしてしまう。「残業をするな。残業しなきゃいけない人間は能力が低いんだ」というような言い方をして、大変な量の仕事を課すわけです。社長ほどの能力を持たない社員にとっては、その要求にはとても応えられません。それで結果的に、ブラックのようなことになってしまった、という部分もあります。

ただ、どんなにつらい仕事でも、がんばれる場合もあります。昔の丁稚奉公《でっちぼうこう》のようなもので、雇い主はだいたいが今でいうブラック。それでも、「力がついたら、暖簾《のれん》分けしてやるよ」というようなシステムがあったから、丁稚たちはそこに将来の夢を託してがんばったわけです。

放送業界も同じような体質かもしれません。AD（アシスタント・ディレクター）のころは、ありとあらゆる仕事をさせられ、長時間の残業は当たり前で、何日も帰宅できず、ソファーや床でごろ寝。先輩からは罵倒《ばとう》され、ときにはたちの悪い出演者から足蹴《あしげ》にされ……。でも、彼らは「いろんな仕事を覚えて、いつかはディレクターに、さらにはプロデューサーになれる」と、将来の夢を胸にがんばったのです。

大事なのは、そういった将来設計図が描けるかどうか。これがないと「こんなブラック企業でやってられるか」となりますが、将来の夢が描ければ、「ここをがんばれば、道が開ける」となって〝ブラック度〟なんて気にならなくなります。自分の勤める会社がブラックかどうかを判定する前に、自分の将来も含めて、わくわくできるような未来を描けるかどうか、よく考える必要がありそうです。

就職したばかりの、あるいは就職活動中の若いあなたは、いたずらに「ブラック企業」という言葉に振り回されてはいけません。要は現在のつらい状況の先に明るい将来が開けるかどうか。そこら辺を一つの判断基準にするといいのではないでしょうか。

〔雇用〕6

「福利厚生」って、どういう制度？

日本の会社にはさまざまな手当がある。
「扶養《ふよう》家族手当」や「住宅手当」。
その会社に属することで得られる「福利」がたくさんあり、
「厚生」も得られるということで、
それらの手当は「福利厚生」と呼ばれたりする。
そもそも「福利厚生」とはどんな制度で、
どんなふうに生まれたのか？

日本の会社にはいろんな手当がある

日本の企業には「扶養《ふよう》家族手当」や「住宅手当」など、さまざまな手当があります。

これらは日本の会社が一つの家族のようになっていて、「会社は社員とその家族みんなのお世話をしますよ、面倒を見てあげますよ」という発想から生まれました。

よく日本の会社社長のセリフとして、「俺の肩には何千の社員とその家族の生活が掛かっている」なんて言葉を聞いたことがありませんか？　これも家族的な会社の考え方の一つの表れです。

ただ、やはりこの考え方は男性中心の発想でした。例えば、「扶養家族手当」は、専業主婦がいるのが当たり前という発想から生まれたものです。専業主婦がいれば、それは扶養家族となり、その分も会社が面倒を見ましょう、という発想です。

家族の形が多様化してきた

しかし、女性が多数働くようになると、奥さんが働いていて、夫が専業主夫をしている、という家庭も生まれてきます。

私の知り合いの家庭もそうです。すると、夫が扶養家族になるのか？　という問題が出てきました。

あるいは、独身者と家族持ち。どちらも会社において同じ働きをしているのに、家族持ちの方が手当がつくから余計に給料をもらう、ということが起きます。

「俺はあいつよりも一生懸命働いて、会社にもうんと貢献しているのにどうして働かない家族がいるというだけで、俺がもらえない手当が与えられるのか」という文句が出てきたりします。

「住宅手当」に関しても、マイホームを持っていると住宅手当が出ないのに、賃貸だと半分以上を会社が負担する制度のところがあります。マイホームを持っていると、住宅ローンの返済で家計が苦しいのに、賃貸なら手当が出る。「なんだ、マイホームを持つなということか」などと言いたくなるかも知れませんね。

本来、これら本業の給料以外の手当は、「会社は一つの家族と同じだから、みんなの面倒を見てあげましょう、いろんな手当をあげましょう」という会社の温情主義でやってきたものです。

ところが、社員が多様な働き方をするようになり、家族形態も変化してくると、手当によって手取り金額の差が大きくなり、不公平な部分がたくさん出てきてしまいました。

そこで、今ではむしろそのような不公平を生む「手当」の制度はやめて、基本的な基本給だけにしよう、という会社が増えつつあります。

会社の保養所も姿を消しつつある

あなたの会社には、保養所というものがあるでしょうか。

かつて大企業では、全国各地の観光地に保養所があって、家族連れで泊まっても格安ですむ、ということがありました。大企業の社員が恵まれているという象徴になっていました。

しかし、時代と共に社員の意識も変わってきます。休みの日に家族揃って保養所に行ったら上司とバッタリ、などということになってしまったら、気が休まりませんね。「会社の延長みたいでいやだ」という声が高まり、次第に利用する人が少なくなりました。

一方、会社にしてみても、一等地に保養所を維持することは大変です。いつ来るかも知れない社員やその家族のために、施設を維持し、そこで働く人に給料を払わなければならないからです。企業収益に直接関係しない費用の負担はできない、ということになってしまいます。

こうして、企業の保養所は、次第に姿を消すようになりました。

その代わり、企業は「カフェテリア方式」を導入するところが多くなりました。全国各地にホテルや旅館を展開する会社と契約し、そこの施設を割引料金で利用できるようにしたのです。

こうすれば、利用できる施設は全国に広がりますし、利用者は、さまざまな企業の従業員です。休日に自分の会社の上司と顔を合わせる恐れはありません。

こうした事業を始めた会社は、各地で廃業となった企業の保養所を引き取り、改築してホテルや旅館にしています。

企業の福利厚生の変化に伴って、新しい仕事が生まれているのですね。まさに、時代の変化に合わせた企業の姿の一つでしょう。

［雇用］7

「労働組合」って、いったい何？

労働組合が存在する会社に入ると、給料から組合費が引かれ、「労働組合」の組合員になる。

「労働組合」というと、ストライキを起こしたり、会社に異議を申し立てたりするイメージを持っている人もいるだろう。

会社にとってメリットはないように思えるかもしれないが、そんな「組合」の存在を会社はなぜ認めているのだろうか？

「労働組合」って、会社においてどんな役割があるのだろうか？

「労働組合」は憲法で認められている

憲法には「勤労者の団結権は、これを保障する」という項目があります。勤労者、つまり働く人たちは団結権、つまり「労働組合」を作ることが憲法で認められているのです。

会社で働く一人一人の人は、会社と一対一になったとき、とても弱い立場にあります。何かを要求しても、たとえそれが正当なものであったとしても、会社から「そんなことを言うなら、この会社にいてもらわなくてもいいんだよ」と言われたら、それでおしまいです。

しかし、働く以上、労働条件をよくしたり、給料をよくしたり、働く場所を居心地のいいものにしたい、と考えるのは当然のことです。そのために要求をしたい。

しかし、一人で要求すると、たとえそれが社員みんなの意見であったとしても「何言ってるんだ」で終わってしまいます。そんなときに、みんなで一緒になって訴える。みんなでまとまって要求すれば、その声、その発言は強くなります。これが団結権です。

そういう意味において、労働組合を作ること、そして労働組合を作ることによって経営者と対等な立場になって交渉する、要求する、要求を認めさせようとする。この交渉をすることまで、憲法では保障されています。憲法が認めている基本的人権の一つなのです。

だから、会社員になると共に労働組合員になったとすれば、あなたは、ただ漫然と組合費を払い、労働組合の集会にいやいや出席するのではなく、憲法で認められたちゃんとした権利を行使しているのだという自覚を持ってほしいと思います。

これは、会社員として、とても大事なこと、必要なことです。

ストライキは伝家の宝刀だ

労働組合を作ることは憲法で認められていますが、その組合がストライキをすることは、今度は「労働組合法」という法律で認められています。ストライキとは、一定の時間、仕事を放棄して会社の業務をストップさせることです。

当然、その時間の給料はカットされますが、会社にも損害を与えることで労働組合の要求を実現させようという試みです。組合がストライキをすれば、仕事がストップするわけですから、会社は損害を受けることもあります。でも、ストライキが正当な目的であれば、会社は労働組合に対して損害賠償を請求することはできません。これも労働組合法で決められているのです。

もちろん労働組合のストライキは何でも認められる、というわけではありません。給料の引き上げや職場環境の整備など、労働条件の引き上げを要求してストライキをすることは正当な目的になります。しかし、例えば政治的な目的でストライキをすることは、いくら要求してもその会社の経営陣ができることではありませんから、正当なストライキとは認められません。損害賠償請求の対象になり得るのです。

労働組合にとって、ストライキは伝家の宝刀です。「いざというときは抜きますよ」という強い力を持っています。「自分も返り血を浴びるかも知れないけれど、あなたも大変なことになりますよ」という形で要求するものです。労働組合には、その自覚と覚悟があります。だから、会社に対して発言力があるのです。

一方、中には「ストライキなんて、とんでもない。そんなことはしません」という闘わない労働組合もあります。しかし、それでは労働組合の存在価値はありません。組合費は余計な出費ということになってしまいますね。

なにも、労働組合は常に闘わなければならないというのではありません。「いざというときには、組合員のことを守って闘いますよ」という力を維持しているからこそ、会社も労働組合に対して、きちんと対応しようと、話し合いに応じる姿勢を持つのです。

労働組合の自覚と覚悟はこういうことだと思います。

管理職は組合員ではなくなる

会社というのは、経営する側と働く労働者側では、同じ企業に所属していて

取締役と社員の違いは？

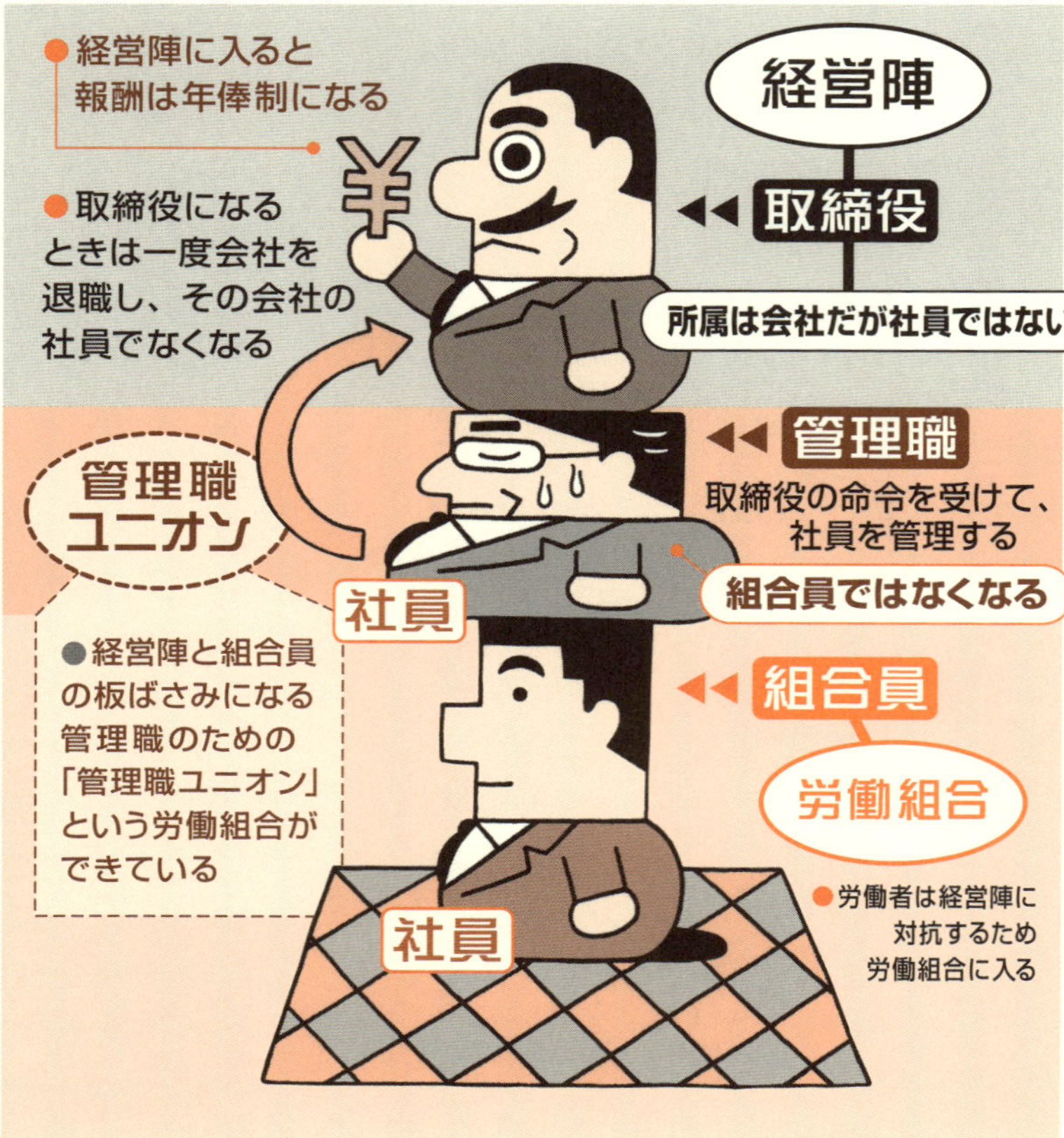

経営する側（経営陣＝取締役）と
働く労働者側（社員＝管理職＋組合員）では
所属は同じ会社でも立場が異なる

も、立場が分かれます。

取締役になるということは、会社を辞めて社員でなくなることだという話は前にしましたが、管理職は、会社の社員であることに変わりはありません。ただ、取締役の指示を受けて社員を管理する仕事をする立場になります。そこで、管理職は、組合員ではなくなるのです。

労働組合に入っていると、いざというときは労働組合が守ってくれる、ということがあります。

ところが、労働組合員ではなくなった課長や部長は、組合からは突き上げられ、上の経営陣からは叩かれて、板ばさみになって困ってしまうことが起きます。そこで「管理職ユニオン」という管理職の労働組合が誕生するようになりました。

本来、労働組合法でいうと、社員が組合員になるのであって、管理職は経営側だから、組合員にはなれません。でも、中間管理職というのは立場がとても弱いもの。そこで、自分たちのことは自分たちで守ろう、というわけです。

もしニッポン放送に労働組合があったなら

堀江社長率いるライブドアがニッポン放送の買収を始めたとき、ニッポン放送にはあ労働組合がありませんでした。ホリエモンとニッポン放送の亀渕昭信《かめぶちあきのぶ》社長やフジテレビの日枝会長が闘っているとき、ニッポン放送の社員は、不安を抱えながら、その様子を見ているしかありませんでした。さすがに見かねた社員たちが社員集会を開いて、「ライブドアの買収反対」を決議しましたが、もし労働組合が最初から存在していたら、社員の気分は随分違ったのではないか、と私は思うのです。

労働組合がないと社員は一人一人がバラバラで、自分たちの意見・主張をする場所がありません。きっと、一人一人が不安なまま、同僚と話をしていたに違いありません。

このとき、労働組合があったなら、組合として集会を開き、意見を集約することができたでしょう。

みんなが集まって議論したりする場を提供することができただけでも、社員の不安は随分解消されたのではないかと思うのです。

あるいは、労働組合として、「買収反対」を打ち出せば、ホリエモンを牽制《けんせい》することにもなったはずです。「労働組合が反対しているのか。それは困ったなあ。組合員を納得させたり安心させたりする方針を打ち出さなければいけないな」と考えたはずです。

あるいは、ニッポン放送の社長が、「ほら、労働組合も反対していますよ」と言えたはずです。

闘う労働組合かどうかにかかわりなく、労働組合という存在があるだけで、事情は変わってくるのです。

労働組合は会社の健康診断をしている

労働組合が憲法で認められるようになったのはなぜでしょうか。

一企業の中で労働者の立場は大変弱いものです。立場が弱いと、会社の言うがままになり、安い給料でこき使われ、病気になり、過労死になったりする恐れがあります。

それは結局、国全体、社会全体のためにもなりません。会社との契約に明示されている通りにちゃんと働いた以上は、それなりの給料をもらい、休みもきちんともらえて、過労死しないですむように、そういう仕組みを法律で保障することが、結局は社会のためになる。そういう考え方によって、労働組合法という法律もでき、会社が法律に違反していないかどうか監督する労働基準監督署ができました。

労働組合は、時として経営者と対立します。経営者にとっては、うるさい存在です。しかし、考えようによっては、会社になくてはならないものでもあるのです。

よく言われる言葉に「優れた経営者は、わざと労働組合を作らせる」というものがあります。本来は社員の側からそのような動きは起こるものなのですが、会社の経営者が社員一人一人のことを思いやっていると、社員がことさらに労働組合を作ろうと思わなかったりする場合もあります。そういうとき、経営者のほうから「労働組合を作りなさい」と、働きかけることがあります。

会社の経営者は、労働組合が生まれることによって、会社の全ての面に目が行き届くというメリットがあるのです。

ちゃんとした労働組合なら、組合員のさまざまな不平不満を上手に汲み上げて、会社に申し立てます。そこで会社は初めて、今まで目に見えなかった問題に気づくのです。

労働組合は、いわば自分の会社の健康診断をしてくれるのです。そういう意味においても、「経営者のおっしゃるとおりです。社員に不平も不満もございません」という、ただの御用組合では、会社にとって都合がいいように見えますが、実は危険な存在かも知れないのです。

労働組合にもいろいろあります。組合員のことをしっかり考える労働組合だ

労働組合にはどんな役割があるのか？

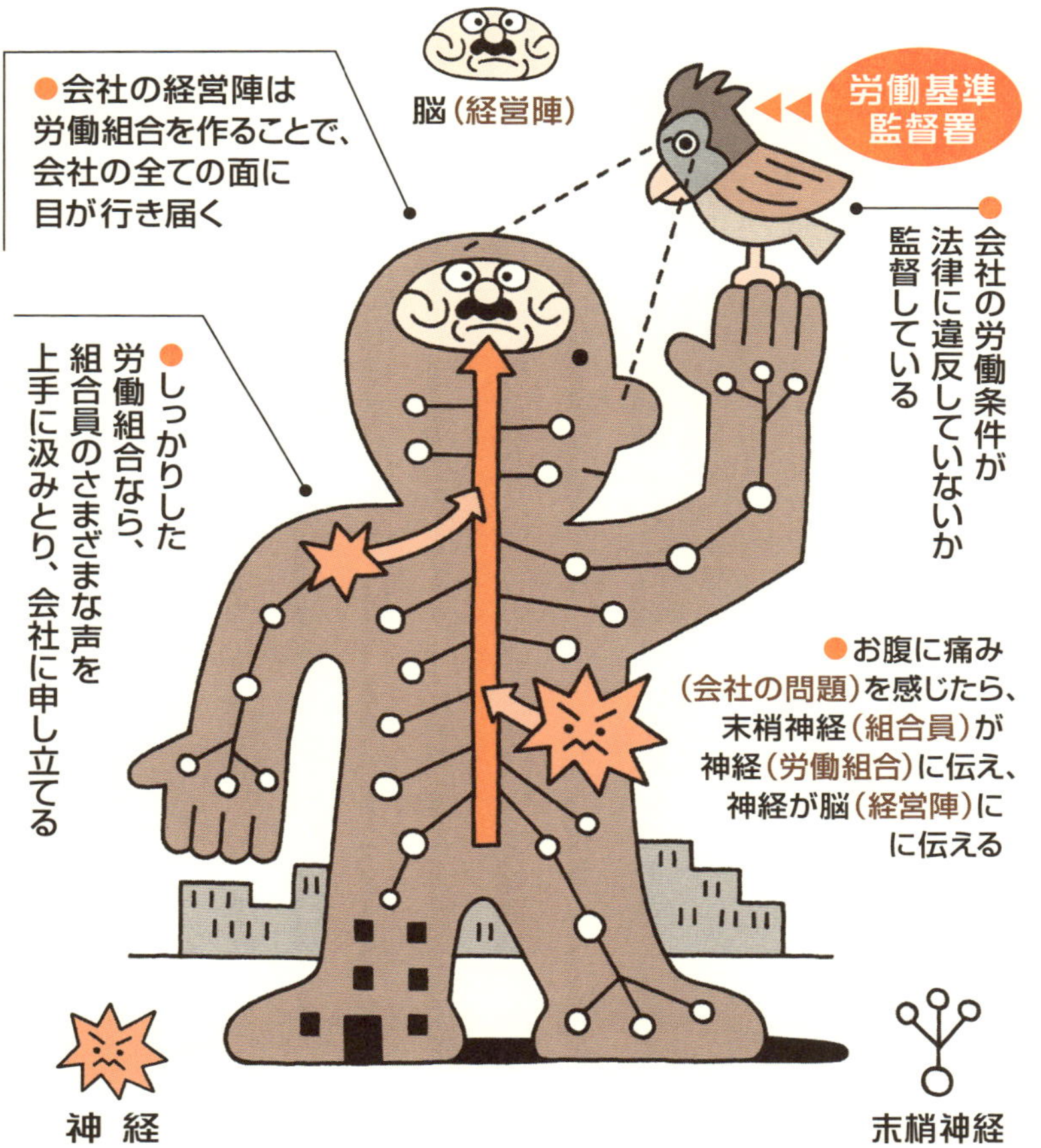

労働組合は
会社の健康診断をしている

と、組合の幹部になると会社の出世コースからはずれてしまうようなところもあります。逆に御用組合だと、組合の幹部になることが出世の一歩になるようなところもあります。組合の幹部、委員長だった人が、やがて管理職になり、非組合員になったとたんにエリートコースまっしぐらで、そのまま会社の社長になってしまう。実はそういう会社も結構多いのです。

そういう会社が果たして本当にいい会社なのかどうか?

労働組合の集会で、組合員が、「今、社内にはこんな問題があります」と、職場の問題点を指摘したとします。すると、翌日には上司に伝わり、「君は、会社に対してこんな不満を持っているんだね」と釘を刺される、という会社があるのです。実は銀行などには、そういう組合が多いのです。

そうなると、社員は組合に何も言えなくなりますね。不満が何も言えず、不満が内向すると、ストレスは溜まる一方です。そして、職場の問題点も会社に伝わらない。これは決していいことではありません。

労働組合は、組合員の声をちゃんと上へあげて「こういう問題がありますよ、知っていますか」と声をあげること。これは、解決できる小さな問題が、あとあとになってどうにも手がつけられなくならないようにするためにも、とっても大事なことなのです。

働く上で居心地のいい会社を選ぶときには、労働組合の委員長だった人が会社の社長になっているような会社は、ちょっと要注意です。労働組合がまったくの御用組合で、組合員のことを守ってくれない、会社の言うことを聞くだけの第二人事部、第二労務部になっていて、組合員のことを考えてくれない、そういう可能性があるからです。

もちろん、人間性の高さが経営者からも組合員からも評価されて、遂に社長になったという人もいますから、一概には言えない部分もあるのですが。

労働組合は何も会社と対立すべき存在だというわけではありません。

しかし、「組合員のことを考えて、組合員の労働条件を守ります」という方針を貫いていれば、会社のさまざまな問題点に気づき、異議申し立てをすることで、経営陣に会社の問題点を指摘して、早期解決をはかれる可能性があるからです。

人間であれば、体のどこか悪い部分、痛みがある部分があった場合、人間の脳に神経が伝達します。労働組合は、脳という経営陣に対して、体の悪いところ、傷みの部分を伝達する神経のような役目があるのです。

体のどこかに悪いところを発見したら、まずは末梢《まっしょう》神経（組合員）が気づき、神経（労働組合）が脳（経営陣）に伝達する。組合員が早めにアピールしてくれた結果、検診してみたらガンの初期だったことがわかるかも知れません。すぐにその部分に対応すれば、完治できるかも知れませんが、それに気づかないままでいれば、悪化して、死んでしまう、つまり会社がつぶれてしまうようなことになるかも知れません。

そういうふうに考えると、労働組合には実はとても大事な役割があるんだということがわかるのではないでしょうか。

第5章
会社員を目指す人へ

大事な人生において
「会社で働く」って、
どういうことだろう?

【会社員を目指す人へ】1

人生の長い時間を
会社員として過ごすからには、
少しでも元気があって、
やりがいのある会社で働きたい。
発展する会社か、それとも下降していく会社か。
長いサラリーマン生活を左右する、
会社の行く末を見極める方法をぜひ教えてほしい。

今後、間違いなく発展する会社を見極める方法はあるのか？

発展する会社を見極める方法はあるのか？

あなたが入社した会社がその後大きく発展するか、それともだんだん先細りになっていくのか、会社の発展性を見極めるのは、とてもむずかしいことです。

例えば、第二次世界大戦後、日本の大学生の就職先人気ランキングの変化を見れば、それは明らかです。戦後すぐは、なんと言っても石炭産業が花形でした。東京大学を出たエリートは、石炭業界に就職したのです。その後、石炭産業がどうなったかは、あなたもご存じの通りです。

その後は、製糖つまり砂糖メーカーですね。戦後の食料不足の時代、砂糖は人々のあこがれの的でした。まさか「ダイエットのために砂糖は控えておくわ」などという時代になるとは想像もできませんでした。

そして、繊維産業。日本は繊維産業が急成長して輸出が増えましたが、やがて韓国、台湾、そして中国に負けていきます。

私が大学を卒業するときは、経済学部だったこともあって、周囲の成績優秀者の多くは銀行に行きました。その後、バブルがはじけた後の金融機関がどんなことになったかは、もう説明の必要もありませんよね。私の同級生たちは、途中で次々に銀行を去りました。

これから発展するか、先細りになるか。よく言われるのは、「東大卒を大量に採用するようになると、その会社はもう発展しない」というものです。

かなり皮肉な見方ですね。東大卒とひと口に言ってもいろんな人がいるので、この言い方は乱暴なのですが、趣旨はこういうことです。

そもそもできたばかりの企業は中小企業ですから、社員を募集するのに苦労します。なかなか人集めができません。しかし、急成長して、世の中に知られるようになると、大学卒が応募してくるようになります。さらに成長すると、やがて東大生も応募するようになります。急成長を果たした会社の経営者が、「とうとうわが社にも東大生が応募してくるようになった」と感涙《かんるい》にむせんだという話をよく聞きます。「東大生」というのは単なるシンボルの言葉で、企業がそれだけ社会的認知を受けるまでに成長した、ということを意味しています。

企業も人間と同じで寿命があるという話を前にしましたね。東大生が応募するようになった企業は、それだけ社会に知られるようになったわけですから、成長期を過ぎて中年になったのかも知れません。そうなると、抜本的な改革をしない限り、その企業はやがてゆっくりと衰退期に入ります。「東大生を大量に採用するようになると……」というのは、そんなプロセスを皮肉った言い方なのです。

また、中には、「東大生は優秀だが、はちゃめちゃなことをする人はあまりいない。むしろ守りが上手な人が多い。企業の発展のためには、はちゃめちゃな人こそが求められる」と考える人もいるようです。

安定した大企業に就職するか、まだ海のものとも山のものともつかない会社に就職するか。個人の価値観の問題ですが、「安定した」というのは、「衰退しつつある」という意味かも知れないのです。

人気企業は成熟しきった企業

ブランド企業に急成長し、人気が出て、いわゆる高学歴の社員が増えた会社というのは、実は意外に将来性がないのかも知れないのです。その会社は、会社としての成熟期をすでに迎えている、ということになります。

長い伝統のある会社を見てみると、中にはすっかり行き詰まってダメになってしまう会社もあります。そういう会社の経営陣を見ると、みんな東大を出ていたりします。つまり、そもそも引く手あまただった東大生たちがこぞって就職を希望するほどの人気企業だったことがあるということです。その時点では成長著《いちじる》しい人気企業だったけれど、その後、最盛期を過ぎ、衰退してきた、ということを意味します。人気がある企業だからといって、この先も大丈夫だとは言えないというわけなのです。

学生の皆さんは、そのときに一番人気のある企業に就職したがりますが、それはその企業にとって今がピークかもしれない、と考えた方がいいと思います。

一番の人気企業に入社したときは、みんなにうらやましがられ、自分も満足でき、親も喜ぶかも知れません。しかし、その会社が二十年後、三十年後もトップを走り続けているかというと、それはまた別の話なのです。

長い会社員人生、先のことを考えるなら、業界トップの成熟しきった会社ではなく、今からまさに伸びそうな会社を見極める必要があります。しかし、それを見極めるのはたいへんむずかしいことです。

●ひとことコラム●フジテレビが活性化したわけ

★ひところ、フジテレビが飛躍的に発展した時期がありました。フジテレビという会社は、昔は正社員はごくひと握りで、あとは下請けの子会社で番組を制作していました。そこには、テレビ局の正社員にはなれなかったけれど才能のあふれる人たちが大勢働いていました。

今は亡き鹿内《しかない》春雄《はるお》社長はこれに目をつけ、下請け会社の社員を一斉に正社員にしました。この人たちのモラルは上がり、常識的な会社員には想像もつかないようなユニークな番組を次々に作りました。ヒット作品の連発で視聴率は上がり、それまでいつも低視聴率で低迷していたフジテレビは、業界トップに躍り出ました。当然のことながら、業績も上がり、社員の給料も上がります。かつてはテレビ業界で給料の安いことで知られたフジテレビは、いまやトップクラス。フジテレビは、ブランド企業の仲間入りをします。

そうなると、これまで見向きもしなかった東大生たちが、フジテレビに応募するようになります。東大卒の社員が増加しました。

そのうちに、気づいてみると、視聴率競争で日本テレビに抜かれ、さらにテレビ朝日にも抜かれていました。東大卒の増加と視聴率競争の敗北に因果関係が果たしてあるかどうかわかりませんが、正規に就職できなかった人たちが入社したことで、フジテレビは活性化したという事実があるのです。その勢いが、今も保てているのでしょうか。

【会社員を目指す人へ】2

辞《や》めたくなったとき考えるべきことは？

長いサラリーマン生活の中では、
「会社を辞《や》めたい」と思うことが
一度や二度ならず、何度もある。

人間関係で悩むこともあれば、
壁にぶつかることもたくさんある。
会社員としての心構えと、
迷ったときに何を考え、
どこで判断すべきか？
会社員生活の極意を知りたい。

とにかく三年我慢してみよう

会社を辞めたいと思うこと、実はみんなあるものです。私も何度もありました。とうとう定年を前にして会社を飛び出してしまいましたが。

会社で働いていると、いろんな問題があります。自分で解決できることもありますが、できないこともあります。人が助けてくれることもあれば、自分一人でなんとか乗り切らなくちゃいけないこともあります。働いていれば、誰でも思うことはたくさんあります。しかし、思い悩んでいるそのときの状況だけで判断して、さっさと辞めてしまうのは、とてももったいないことです。

「石の上にも三年」という言葉がありますが、とにかく三年我慢してみると、いろんなことが見えてきます。それまでとは違う視線でものを見、考えられるようになる日が必ずきます。とにかく三年我慢してみて、それでも「ああ、ダメだ……」と思うようなら、それはもうその後の人生を無駄にすることはありません。辞めてしまえばいい。ただ、入社したとたんに「何か気に入らない」という理由で辞めてしまうのは、ちょっと待った方がいいと思うのです。

例えば、直接の上司との関係がうまくいかなくなって、辞めたくなることも幾度となくあるでしょう。しかし、会社には「人事異動」というシステムがあります。数年毎に、上司、もしくは自分が異動します。どちらかが動いて、また別の人と仕事をする。ということを考えると、すぐに辞める必要はないのです。

どこの会社でも下積みの期間があります。入社してすぐに華やかな場所で大活躍はできません。会社というところは、新入社員には、のちのち、その会社の中核になってほしいと考えています。そのためには、会社のすみずみまでなるべく広く考えられるように、いろんな部署を体験させようとします。とくに、入社してすぐは一番つらい現場を担当させたりします。つらい現場をわざと担当させることで、その会社のいろんな面を知ってもらおうとしているのです。

ある大手出版社は、まずは倉庫の本の整理係からスタートします。発売したものの返品された大量の本を整理することで、本が売れないとどんなことになるかを身をもって知ってもらおうというわけです。

新人時代は、後からでは決して経験することがないようなことを経験させるのです。

ＮＨＫの場合は、アナウンサーも記者もディレクターも技術担当も、全員受信料の集金業務を体験します。自分たちの給料そして番組予算が、受信料から成り立っていること、受信料を集めるのが大変なこと、それを知ることから始めるのです。

会社員の先輩として思うこと

私のような記者の場合は、まずは地方局に配属され、警察回りから始めます。毎日毎日、警察の中をグルグル回って、事件・事故の取材をします。大勢が亡くなるような悲惨な事故があれば、必ず現場に行きます。悲惨な現場であればあるほど、記者としての基礎を身につけることができる、という考え方からです。私もそうやって、数多くの変死体と対面してきました。その体験によって、今の自分があるのだと思います。

入社時の希望とは、まったく違う部署に回されることもあります。すると「これは話が違う」と辞めたくなることもあるでしょう。

しかし、会社の意図は別にあります。会社は、やがては縁がなくなる職場、働くことがない場所を経験させておこうとしているのだということを頭に留めておいてください。

そういうふうに考えると、一時的に志とは違っても、ちょっと我慢してみることは、「働く」ということに限らず、人生のどんな場面でも大切なことなのではないでしょうか。

会社に入って、志と違うところにいても、願い続けて、その希望を言い続けていれば、いつの間にか、結局その希望にかなり近いところにいたりするのです。大切なことは、入社当初の志を忘れないこと。そのための辛抱は、乗り越えるべき経験であると、会社員の先輩として私は思うのです。

しかし、だからといって、無理に会社に居続けることもないと思います。それではいいことはない。自分の長い人生、どういうふうに生きようといいのです。ただ、あんまり早まらずに、三年だけ我慢して、それでもダメなら、さっさと次の人生を考えればよいのです。

四月に入社して、五月病を乗り越え、三カ月が過ぎ七月、少し慣れてきたころに「もう辞めたい」と思ってしまうのもわかりますが、「ちょっとだけ待とうよ」というのが、私からのメッセージです。

今の環境も一つのチャンスかも知れない

もう一つ、こんな考え方もあります。

あなたが今、その会社にいるのはなぜですか？　第一希望ではなかったかも知れないけれど、入社したいと希望した会社にとにかく入った。だから、今の会社員という立場にいるのです。

その一方で、あなたが入社試験に受かったことで、その会社の試験に落ちてしまった人がいるはずです。自分が辞めたいと思ったときは、その人たちのことも少しだけ考えてみてください。あなたが、今働いている職場は、いろいろと不満もあるのでしょうが、少なくとも入れなかった誰かの犠牲の上に、今のあなたがいるのです。

せっかく入った会社です。その会社がどういう仕組みになっているのか、貴重なチャンスを生かして、勉強する意味でも辞めずに残って損はないと思います。

一カ月や二カ月で辞めてしまっては、その会社のことを何も知らないまま終わることになります。

長い人生、少しでもいろんなことを経験したほうが得です。せっかく入れたのだから、その会社のいろんなことを勉強して、知り尽くして辞めたって遅くはありません。

辞めようと思ったら、辞めるまでの間、せめてその会社のことを一生懸命調べて、いろんな人に会ってみるといいと思います。そのうちに意外といいところを見つけて、辞めるのをやめることもあるかも知れません。もちろん、ますますその会社を嫌いになれば、辞めてしまえばいいのです。

【会社員を目指す人へ】

3

「会社で働く」とは、どういうことか？

これからの長い人生の多くを占める
「会社で働く」時間。
多くの人たちにとっては
「働く」・「仕事」＝「人生」とも言える。
それくらい「働く」ということは、私たちの
人生において欠かせない、大事なことだといえる。
「会社で働く」って、いったいどういうことだろう？
「働く」ってなんだろう？

働くことは自己実現だ

「働く」とは、どういうことなのでしょうか。これまで再三言ってきたように、給料をもらうためだけではないはずですね。あなたが働くことによって、喜ぶ人、助かる人がいるはずです。セールスで商品を売ることで、お客に満足してもらう。あなたが商品を売ったことで、その商品を作った人も喜んでくれる。

あなたの仕事によって、喜んでくれる人がいるなんて、とても素敵なことだとは思いませんか。自分が働くことによって、喜ぶ人がいる。社会のために役立っていると実感できる。社会の中に、自分を必要としている人たちがいることを知る。これが、「自己実現」なんだろうと私は思うのです。

人間は「社会的存在」です。社会の中で、自分の存在価値を確かめることで生きていくことができるのです。あなたが働くことで、社会の中に、あなたの生きていける場所が見つかります。

あなたの働く場所が会社であれば、会社で働くことで、専門性も身につくでしょう。新しい勉強もできるはずです。勉強ができて自己実現ができて、しかも給料までもらえる。こんなに恵まれたことがあるでしょうか。

そこの会社で一生懸命働くことによって身につけることができた専門性は、どこへ行っても役に立ちます。専門性は、会計上の専門性であったり、企業の審査の能力であったり、あるいは人を束ねたり、人を動かす能力であったりしますが、そうした専門性は、会社で働くことで身につくものです。

目的意識を持って働こう

ある所で、石切り職人たちが、大きな石をせっせと切り出していました。通りかかった人が、近くの職人に、「あなたは何をしているのですか?」と尋ねました。その石切り職人は、うんざりした表情で曰《いわ》く、「見ればわかるだろう。この、くそいまいましい石を切っているのさ」と答えます。

別の職人にも、「あなたは何をしているのですか?」と尋ねました。その職人は、眼を輝かせて、「これから建てる教会の大聖堂の基礎になる石を切り出しているのです」と答えました。

どうでしょうか。やっている仕事は同じでも、その仕事が何のためであるか、目的意識を持っているのといないのとでは、こんなにも違いが出るのですね。

会社で担当することになった仕事の一つ一つについて、「この業務は、会社の中の仕事の流れの中で、どこに位置するのだろう」と考えながら働くことで、自己実現できるかどうかも決まってくるのです。

「会社員」であっても、会社とはまったく別の世界を持ってほしい

会社員として働いているあなた。あるいは、これから働こうと思っているあなた。ぜひ、会社以外の人生も持ってください。長年勤めた会社を定年退職した途端、喪失感《そうしつ》で打ちのめされてしまう人がいます。何をしていいかわからず、奥さんの後ばかりをついて歩いて、「濡れ落ち葉」などと言われてしまう人が

います。悲しいことです。その人にとって、会社こそが生き甲斐だったのでしょう。その意味では、会社人生で、しっかり自己実現を果たしていたのです。

でも、会社人生は、やがて終わりのときが来ます。定年退職した後の人生が、これまた長いのです。その長い人生を、「余生」として送るのか、それとも「新しい第二の人生」として過ごすのか。それを決定するのが、会社での生き方です。会社の生活だけが全てなんて、寂しすぎます。もう一つの人生を、持ってほしいのです。つまり、会社での一日の仕事が終わった後の夜の時間をどう過ごすのか、土曜日・日曜日・休日をどう過ごすのか、ということです。

この時間を、会社の人たちだけと過ごしていては、世界が狭くなってしまいます。会社とはまったく別の世界は、趣味の世界であったりするのでしょう。世のため、人のためのボランティアかも知れませんね。そんな確固たる人生を持っていれば、会社を辞めるとき（辞めさせられたり、リストラされたり、定年退職だったり、円満退職だったり、いろいろありますが）、そのときに、もう一つの人生が本格的に始まるのです。「会社だけが人生です。これが全てです」ということにはならないでほしいのです。

これが、会社員からフリーのジャーナリストへと第二の人生を歩んできた私からのメッセージです。

おわりに――会社員なのに「会社」についてわからない!?

この本は『経済のことよく知らないまま社会人になった人へ』の姉妹本として誕生しました。この書名については、「恥ずかしくて書店でレジに持っていけない」という反応もありましたが、〝勇気を持って〟買い求めてくださった方が多く、おかげさまでベストセラーになりました。

ところが、「経済の仕組みはわかったけれど、経済活動の中心になっている会社とは、どういうものだろう」という声を聞くようになりました。そこで誕生したのが、この本です。

こちらも、「こんな題名では買いにくい」という人がいるかもしれませんが、心配いりませんよ。意外に多くの人が、経済のことも会社のこともよく知らずにいるのですから。レジに持って行ったら、レジの店員さんも「そう言えば、私もよく知らなかった……」と思ってくれるかもしれません。

あるいは、「会社のことくらい知っているよ」という人にとっては、自分の知識の再確認に使えるでしょう。会社についての基礎知識のない人には、こういう風に説明すればいいのか」という参考にもなるはずです。

この本の初版が出たのは2005年のこと。幸いにこの本も多くの人に読んでいただけましたが、経済も会社も生き物。取り上げている具体例がいささか古くなったために、2014年に改訂版を出しました。

それから5年。再び内容を時代に合わせ、第3版として生まれ変わりました。会社ばかりでなく本も生き物。時代に合わせて内容を更新していかないと生き抜くことができません。少しでもお役に立つことを願っています。

第3版に改訂するに当たっては、海竜社の編集者の中野晴佳さんにお世話になりました。感謝しています。

二〇一九年二月

ジャーナリスト　池上　彰

池上 彰（いけがみ　あきら）
1950年、長野県松本市生まれ。慶應義塾大学経済学部を卒業後、NHKに記者として入局。さまざまな事件、災害、教育問題、消費者問題などを担当する。科学・文化部記者を経て、NHK報道局記者主幹に。1994年４月から11年間にわたり「週刊こどもニュース」のお父さん役として活躍。わかりやすく丁寧な解説に子どもだけでなく大人まで幅広い人気を得る。2005年３月にNHKを退職し、フリーのジャーナリストに。現在、名城大学教授をはじめ、東京工業大学特命教授、東京大学客員教授、日本大学客員教授、立教大学客員教授、信州大学特任教授、愛知学院大学特任教授を務める。
主な著書に、『子どもに聞かれてきちんと答えられる　池上彰のいつものニュースがすごくよくわかる本』（ＫＡＤＯＫＡＷＡ）、『池上彰の「天皇とは何ですか？」』（ＰＨＰ研究所）、『池上彰の世界を知る学校』(朝日新聞出版)、『世界から核兵器がなくならない本当の理由』（ＳＢクリエイティブ）、『経済のことよくわからないまま社会人になった人へ（第4版）』『政治のことよくわからないまま社会人になった人へ（第4版）』（以上、海竜社）など、多数。

会社のこと
よくわからないまま
社会人になった人へ――第3版

二〇〇五年七月十一日　第一版　第一刷発行
二〇一四年二月二十八日　第二版　第一刷発行
二〇一九年二月十五日　第三版　第一刷発行

著　者＝池上《いけがみ》　彰《あきら》

発行者＝下村のぶ子

発行所＝株式会社　海竜社
東京都中央区明石町十一―十五　〒一〇四―〇〇四四
電話＝東京〇三（三五四二）九六七一（代表）
ファックス＝〇三（三五四一）五四八四
郵便振替口座＝〇〇一一〇―九―四四八八六
海竜社ホームページ　http://www.kairyusha.co.jp

印刷・製本所＝図書印刷株式会社

落丁本・乱丁本はおとりかえします

ISBN978-4-7593-1653-7　C0095